王 佳◎著

中国纺织出版社有限公司

内 容 提 要

自控力对于每一个人来说都非常重要。然而，自控力不是天生的，作为父母要从小培养儿童的自控力，才能让孩子健康快乐地成长。

本书以儿童心理学作为基础，从情绪情感、精神意识、时间管理等各个方面对如何提升儿童的自控力进行了详细的阐述。书中结合儿童在不同成长阶段所表现出的身心发展特点进行拓展，既有理论，也有事例，能够有效帮助父母更好地提升儿童的自控力。

图书在版编目（CIP）数据

如何培养儿童的自控力 / 王佳著. --北京：中国纺织出版社有限公司，2021.4
ISBN 978-7-5180-7633-8

Ⅰ.①如… Ⅱ.①王… Ⅲ.①自我控制—儿童教育—家庭教育 Ⅳ.①G782

中国版本图书馆CIP数据核字（2020）第125284号

责任编辑：赵晓红　　责任校对：王蕙莹　　责任印制：储志伟

中国纺织出版社有限公司出版发行
地址：北京市朝阳区百子湾东里A407号楼　邮政编码：100124
销售电话：010—67004422　传真：010—87155801
http://www.c-textilep.com
中国纺织出版社天猫旗舰店
官方微博http://weibo.com/2119887771
三河市宏盛印务有限公司印刷　各地新华书店经销
2021年4月第1版第1次印刷
开本：880×1230　1/32　印张：7
字数：120千字　定价：39.80元

凡购本书，如有缺页、倒页、脱页，由本社图书营销中心调换

前言

父母即使再爱孩子,也不可能陪伴在孩子身边一辈子。从新生命呱呱坠地开始,父母就陪伴在孩子身边,无微不至地照顾孩子。然而,随着孩子一天天长大,羽翼丰满之时,就会飞离父母的身边,去寻找属于自己的天地。面对孩子的成长,父母固然不舍,却要果断放手,因为唯有如此,孩子才能继续成长,不断进步,才能独立面对属于自己的人生。

为了孩子将来能够生活得更好,很多父母想方设法为孩子创造更好的条件,例如,努力赚钱,为孩子置办房产;努力工作,为孩子铺好人生的道路,过着衣食无忧的生活;不断深造,就是为了把孩子的户口安在大城市,享受大城市的好待遇……总之,父母所做的一切都是为了孩子,只要对孩子好,父母就可以毫不犹豫地付出所有。只可惜父母忽略了一件事情,那就是如果孩子本身不成才,哪怕父母给他们留下金山银山,他们也不能过好一生。

说到这里,很多父母也会表态:我已经为孩子买了学区房,也准备好了孩子的教育基金,孩子只要有出息,我就供他到底。的确,培养孩子用功读书,是父母该做的事情,也是父母愿意拼尽全力去做好的事情。遗憾的是,由于每个孩子天赋不同,所以他们在学习上总是有巨大差异。面对孩子优秀的成

绩，父母眉开眼笑；面对孩子糟糕的成绩，父母心急如焚。不可否认，好成绩能够帮助孩子获得进入好大学读书的机会，也会帮助孩子找一份好工作；如果孩子学习成绩不好，就可能会与好大学失之交臂，将来找好工作就要多费力气。因此这是每个父母和孩子都必须面对的事实：学习成绩很重要。

然而，学习成绩固然重要，但不是唯一重要的。父母在关注孩子的学习之前，首先应该培养孩子优秀的品质，让孩子拥有自控力。现代社会，很多人都缺乏自控力，他们或者因此走入犯罪的歧途，或者工作与生活都不顺利，或者与身边的人关系紧张。如果学习不好，将来还可以弥补，而对于孩子来说，缺乏自控力则会给他们的学习、生活和工作都带来很大的影响。父母一定要注重培养和提升孩子的自控力，让孩子成为人生的主宰！

作者
2020年12月

目录

第01章 你不可不知的真相：孩子为什么缺乏自控力 /001

乖孩子偶尔也会变"熊" /002

自控力的强与弱让孩子表现不同 /006

缺乏自控力的孩子很任性 /009

孩子自控力差，影响后天成长 /013

生理能量对自控力的形成不可或缺 /017

第02章 掌控情绪，先成人后成才 /021

学会调控情绪很重要 /022

0~12个月，如何与宝宝进行情绪交流 /025

帮助孩子缓解分离焦虑情绪 /028

不可忽视孩子的恐惧心理 /033

自我意识的发展成就孩子的独占欲 /037

第03章 责任感，让孩子对自己和他人负责 /043

诚信是做人的根基 /044

计划先行，有条不紊 /047

一日三省，自控力更强大 /052

如何培养儿童的自控力

珍惜时间，掌控人生　　/ 056

帮助孩子戒掉拖延症　　/ 062

给孩子独立自主的权利　　/ 067

第04章　意志力，让孩子成为真正的强者　/ 071

坚持梦想，勇攀高峰　　/ 072

鼓足勇气，人生畅行无阻　　/ 078

坚强，是战胜挫折必备的素质　　/ 083

把失败踩在脚下　　/ 088

抵御诱惑，掌控自我　　/ 093

第05章　自我管理，主宰自己才能驾驭人生　/ 099

发展孩子的亲社会行为　　/ 100

培养孩子爱的能力　　/ 103

换位思考，才能宽以待人　　/ 108

团结合作，聚沙成塔　　/ 114

自控的孩子不会随意攻击　　/ 119

第06章　父母会沟通，有效提升孩子的自控力　/ 125

倾听孩子的心声　　/ 126

让孩子走自己的路　　/ 131

目录

　　　　　　不过度指挥孩子　/ 136

　　　　　　表扬切勿泛滥　/ 141

　　　　　　适度批评，教育事半功倍　/ 146

第07章　果断放手，孩子才有机会践行自控力　/ 153

　　　　　　让孩子建立道德准则　/ 154

　　　　　　让孩子自主制订规则　/ 158

　　　　　　鼓励孩子制订计划　/ 163

　　　　　　给孩子存在感　/ 169

　　　　　　教孩子学会移情，满怀感恩　/ 172

第08章　父母一定要做的事，帮助孩子自我管理　/ 179

　　　　　　发展孩子的自主性　/ 180

　　　　　　引导孩子主动顺从　/ 184

　　　　　　教会孩子遵守承诺　/ 187

　　　　　　增强孩子规则意识　/ 190

　　　　　　辅助孩子磨炼意志　/ 194

第09章　家长千万忌做的事，避免孩子掉入放纵深渊　/ 199

　　　　　　不要压制，打骂不是爱　/ 200

　　　　　　绝不羞辱，保护孩子自尊心　/ 203

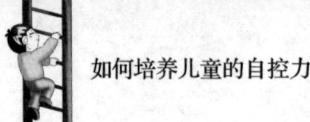

学会比较，要纵向不要横向 / 207

讨好是害，避免溺爱 / 212

参考文献 / 216

第 01 章

你不可不知的真相：孩子为什么缺乏自控力

很多父母都为孩子缺乏自控力感到头疼，那么，孩子为什么缺乏自控力呢？只有了解孩子缺乏自控力的真相，我们才能更有效地帮助孩子增强自控力，也让孩子在各个方面的表现越来越好。作为孩子，只有具备自控力，才能成为自己的主宰，真正驾驭和掌控自己的人生。

乖孩子偶尔也会变"熊"

在中国北方,父母最早开始称呼那些令人头疼的孩子为"熊孩子"。所谓"熊",含有训斥吓唬的意思,"熊孩子"则特指调皮捣蛋、顽劣不堪的孩子。渐渐地,这一形象的称呼在全国范围内广为流传,而且成为网络流行语。大多数"熊孩子"都不可理喻,经常把大人的话当成耳边风,而且常常会做一些具有破坏性的事情。

其实,在给孩子冠以"熊孩子"的称呼时,父母已经进入了一个误区,即把孩子简单粗暴地分成两类,一类是听话的乖孩子,一类是不听话的熊孩子。顾名思义,乖孩子都是很乖巧懂事听话的,而熊孩子则是顽劣不堪,故意捣乱的。这样的分类既不科学,也不合理,就像很久之前很多影视剧都会把角色塑造成好人和坏人一样。作为父母,应该知道金无足赤、人无完人的道理,也应该接受孩子身上既有优点也有缺点的现实。

父母必须认识到即使是乖孩子,也会偶尔有"熊"的时候;反之,即使是熊孩子,也会有乖巧的时候。这是因为孩子是独特的生命体,有自己的想法,有独立行动的能力,而且他们正处于不断成长和进步的过程中,身心都在快速地变化。今天,父母自以为了解孩子,明天,孩子就会做出让他们瞠目结

第01章

你不可不知的真相：孩子为什么缺乏自控力

舌的事情。所以父母切勿以熊孩子和乖孩子来界定孩子，更不要以好孩子、坏孩子来对孩子进行分类。

在大多数父母的理解中，熊孩子有哪些特点呢？首先，顽皮淘气，片刻也不会安静地坐着。其次，充满好奇心，在强烈的探索欲的驱使下，总是超出自己的行为边界，不愿意被父母约束。再次，不能主动学习，更不会主动看书，还很讨厌帮助父母分担家务，似乎他们唯一感兴趣的事情就是玩。最后，也是熊孩子最明显的特点，不听话，叛逆，喜欢和父母唱反调，做事情随心所欲，有时还会故意违拗父母的意思。因此，熊孩子难免给他人留下无法无天的糟糕印象。与熊孩子恰恰相反，乖孩子则表现非常好。首先，他们喜欢安静，不会一直闹腾，让父母比较省心。其次，他们固然也有好奇心，却能够严守自己的行为边界，甚至有些孩子对于那些未曾得到父母许可的事情，哪怕情况再紧急也不会去做。再次，他们很热爱学习，其中有相当一部分孩子品学兼优，即使学习成绩不能拔尖，也会保持至少中等水平。他们还很爱看书，时而帮助父母分担家务。最后，也是乖孩子最明显的特点，他们很听话，不叛逆，即使对于自己不感兴趣的事情，只要父母让他们去做，他们也会尽力做好。不知道从何时起，父母都开始炫耀自己家的孩子很乖，似乎听话成为他们对孩子唯一的要求。

最近，妈妈发现豆豆变得越来越任性。豆豆正在读小学三年级，处于成长叛逆期。一开始，妈妈还四处炫耀，说豆豆从

如何培养儿童的自控力

小就是个听话懂事的乖孩子，却没想到很快就自己打脸了。

原来，学校里要组织作文比赛，妈妈曾经是个文艺青年，最喜欢看《读者》《知音》等，只可惜她缺乏才情，不能写得一手好文章，所以就把希望寄托在豆豆身上。这不，一听说学校里要组织作文比赛，妈妈赶紧督促豆豆参加。偏偏豆豆最发愁写作文，而且也不爱看书，听到妈妈这个强人所难的请求，豆豆毫不迟疑地拒绝了："我可不参加，你要是想参加，你就自己参加网络征文吧。"听到豆豆的话，妈妈非常惊讶：这还是我那个听话懂事的小豆豆吗？都敢跟妈妈顶嘴了。于是妈妈继续说服豆豆，看到妈妈固执己见，豆豆只好有理有据地分析给妈妈听："这可是比赛，是要排名的，是要争取获奖的。每个班级里只允许3个人报名参加，当然要让那些擅长写作的同学参加，我去就会浪费1个名额，就是个'打酱油'的，这也会损害班级的荣誉啊！"妈妈知道豆豆说得有道理，但还是继续坚持："你如果不好意思和老师说，要不我代你说？"豆豆把头摇得和拨浪鼓一样："不不，你可别说，你要是说，我就不去上学了！"看到豆豆态度如此坚决，妈妈只好作罢。

豆豆虽然是乖乖女，但是她已经9岁了，有了自己的主见，也有了自己的判断。她很清楚参加作文比赛的名额有限，应该让那些擅长写作的同学参加，尽最大可能为班级争夺荣誉，而不应该为了得到锻炼的机会就自私地占用名额。所以，豆豆这次便成了"不听话的熊孩子"，很是让妈妈生气。

第01章
你不可不知的真相：孩子为什么缺乏自控力

孩子一直听话真的好吗？明智的父母不会一直把孩子保护在翅膀之下，紧紧地攥在手掌心里，而是会随着孩子不断成长，及时放手，让孩子去锻炼、去成长，拥有更好的未来。其实，哪怕父母对孩子管教很严，随着身心的发展，从小就很乖巧的孩子也会形成独立意识，也会有对父母言不听计不从的那一天。

既然这一天早晚要到来，父母与其被动等待，不如做好准备，积极地迎接这一天。

实际上，从心理学的角度来说，熊孩子和乖孩子的区别在于：乖孩子的自控能力比较强，而熊孩子的自控能力比较差；乖孩子会为他人着想，而熊孩子则往往以自我为中心，不管做什么事情都随心所欲；乖孩子有责任心，而熊孩子缺乏责任心……

从本质上而言，乖孩子并不像父母想象中的那么完美，随着自我意识的觉醒，乖孩子也会有不听话的时候，也会有叛逆的表现，而熊孩子也并没有父母想象中的那么不可救药，也会有善解人意、听话懂事的那一面。

作为父母，要允许乖孩子表现出叛逆，也要给予熊孩子时间去了解和接受成人世界的很多规则。父母有耐心，才能让家庭教育起到更好的效果，也才能给予孩子更多的理解和关爱。相信哪怕是熊孩子，随着自控力不断增强，一定会有越来越好的表现。

 如何培养儿童的自控力

自控力的强与弱让孩子表现不同

成人口中的乖孩子,往往背负着与年龄不符的沉重,他们看起来听话懂事,也能够有意识地控制自己的行为,实际上却牺牲了作为孩子的肆意和快乐。为了得到父母的表扬,为了得到他人的好评,他们压抑自己的本性,让自己表现得更加得体。与乖孩子恰恰相反,熊孩子特别喜欢捣乱,他们更注重自己的感受,也不太在乎自己在他人心中的评价,这一切并非是因为熊孩子的自控力比较差,不能很好地控制自己,而是因为孩子的天性使然。

一直以来,人们对于自控力的理解都相对狭隘,觉得所谓自控力就是要控制自己的本能、冲动、欲望和感情等,从而让自己的行为符合社会的规范。对于成人而言,自控力的含义非常丰富,既包括一个人对于自身的掌控,也包括一个人对于人际关系、人生走向、成功与失败等的把控。对于孩子而言,自控力的表现则相对简单,即孩子能否控制住自己。

在每个孩子成长的过程中,自控力都是成熟度的重要指标之一,自控力强的孩子会有更符合社会规范的表现,自控力差的孩子则会打破规范,也会招人讨厌。其实,自控力的强弱会对人的一生都产生重要的影响。例如,在成人世界里,那些喜欢抽烟或者酗酒的人,就是因为缺乏自控力而不能抵制烟酒的诱惑。再如,有很多人喜欢赌博、吸毒,也是因为缺乏自制

第01章
你不可不知的真相：孩子为什么缺乏自控力

力，在没有沾染黄赌毒之前不能控制自己，在沾染了黄赌毒之后又不能戒掉它们。这些都是缺乏自制力的恶劣后果，在现实生活中，缺乏自制力也会有一些负面影响，例如，随着生活水平的提高，很多人因为管不住自己的口舌之欲而身形肥胖；很多人为了获取更多的金钱而采取不正当的手段，甚至贪污受贿，葬送了自己的前程。

在心理学领域，有一个著名的棉花糖实验，就是关于儿童自控力的。在这个实验中，教授给每个孩子都发了1颗棉花糖，但是他因为有事情必须离开一会儿。在离开之前，他对分到棉花糖的孩子说："孩子们，我现在有事情要离开一会儿，你们可以选择马上就吃掉棉花糖，这样的话，你们就只有这1颗棉花糖。你们也可以选择稍等一会儿，等到我回来之后再吃掉棉花糖，这样的话，我会再奖励你们1颗棉花糖，你们就有两颗棉花糖了。"

教授才刚刚离开，有些孩子就吃掉了棉花糖，还有一部分孩子不舍得吃掉棉花糖，他们想等到教授回来得到更多的奖励。为此，他们采取各种方法抵御棉花糖的诱惑，有的孩子闭目养神，假装睡觉，不看棉花糖；有的孩子把头扭到别处，以免看到棉花糖会勾起肚子里的馋虫；也有的孩子故意朝着棉花糖吐口水，希望自己能在短时间内厌恶棉花糖。每一个想等到教授回来再吃棉花糖的孩子，都使出了各种办法。在此过程中，他们受到很大的诱惑，但是他们更想得到教授的奖励。在

等待的过程中,孩子们的自控能力得到发展,有了自制表现。

从心理学的角度而言,在每个人的成长过程中,自控力都是成熟度的重要指标之一。一个自控力强的人,可以控制自己不合时宜的想法,从而让自己做出合理的行为,让自己的言行举止都能符合社会规范。尤其是当意识到自己的行为可能不符合道德标准和社会规范时,他们不会一味地顺从本性,为所欲为,而是会控制自己,甚至会在必要的情况下做出改变。

从本能的角度来说,人们都愿意顺从天性去做很多事情,而不愿意过多地约束自己。养成好习惯,恰恰需要我们改变自己,与各种本能做斗争,才能让自己变得越来越好。对于孩子而言,要想战胜本能,控制自己,无疑是很难的。通常来说,孩子的自控力,涉及对感情、欲望、情绪、思维模式和行为模式等方面的控制。举个父母最熟悉的例子,周末父母带着孩子去超市或者商场,有些孩子看到喜欢的玩具,却求之不得,因而坐在地上嚎啕大哭,甚至打滚耍赖。有些孩子呢,他们可以听懂父母讲的道理,也知道控制自己的欲望,因而他们选择接受父母过生日再买的许诺,或者对父母不能购买表示理解。由此可见,从小培养和提升孩子的自控力,是多么重要。

通常,自控力强的孩子言行得体,情绪克制,也能很好地与他人相处,因为他们懂得尊重他人,也知道要控制自己的欲望。他们始终维持着良好的自我平衡,每当发生糟糕的事情,他们会及时找到合理的途径宣泄不良情绪,同时也会进行自我

第 01 章
你不可不知的真相：孩子为什么缺乏自控力

精神控制和行为控制，从而使自己的执行力始终保持在较高的水平。比如，得知甜食和油炸食品是垃圾食品后，他们就会尽量少吃；得知手机游戏和电脑游戏不利于自我成长，也会伤害眼睛后，他们会在父母规定的时间到达时，主动放下游戏，四处走走。在孩子的成长过程中，自控力起到至关重要的作用。每个孩子天生就有自控力，但是他们的自控力是远远不够的，这就需要父母有意识地培养孩子的自控力，坚持提升孩子的自控力，从而让孩子能够主宰自己的言行，为自己负责。

缺乏自控力的孩子很任性

正如上文所说，孩子在面对各种喜欢的东西时，恰恰是表现自控力的最佳时机。例如，在超市里看到美味的糖果，在商场里看到好玩的玩具，也许原本很乖巧懂事的孩子，瞬间就会变得任性，根本无法接受父母的拒绝。他们或者当着所有人的面嚎啕大哭，或者赖在地上打滚。随着网络的普及，很多孩子还迷恋上玩电脑游戏或者手机游戏，甚至上瘾。对于网络成瘾的孩子，有些父母绞尽脑汁想出各种办法和孩子斗智斗勇，但就是无法让孩子戒掉网瘾，最终只得把孩子送到戒除网瘾的学校。孩子为何会有这些表现呢？归根结底，是因为他们缺乏自控力，所以先是表现出任性，如果父母不能及时引导和教育孩

子，渐渐地，他们就会越来越放纵自己，肆意妄为，形成各种成瘾行为。

　　对于年幼的孩子而言，缺乏自控力是正常的。这是因为他们还小，自控能力不足，父母在教养孩子的过程中，必须有意识地引导孩子控制自己，控制欲望，主宰自己的行为，才能真正培养和发展孩子的自控力。反之，如果父母总是对孩子的各种任性表现无动于衷，甚至尽量满足孩子各种不合理的要求，那么孩子就会越来越急躁，越来越迫切满足自己的欲望，既没有耐心去等待，也没有理性去思考问题，还会养成和父母撒泼打滚的坏习惯。心理学家经过研究发现，三岁之前，是父母培养和发展孩子自控力的最好时机。俗话说，三岁看老，就是这个道理。因此切勿觉得孩子还小，就毫无原则地满足孩子，也不要觉得孩子的欲望很容易满足，就从来不知道拒绝孩子。自我控制，简而言之，就是孩子能够主动控制自己的情绪和言行举止，是非常复杂的心理结构，是个体自主调节自身行为的过程。自控力差、任性妄为的孩子，在走上社会之后，很难与小伙伴和谐相处，常因为自私、任性，常常与身边的人发生矛盾，这显然不利于他们的成长和发展。

　　对于孩子而言，自控力是一项基础能力，该项能力的缺乏会引起一系列的连锁反应。例如，有可能导致多动的倾向，甚至患有多动症；与人相处时，常常做出攻击行为，而且会有暴力表现；做事情不够专注，常常三心二意；不愿意遵守社会规

第01章
你不可不知的真相：孩子为什么缺乏自控力

则、缺乏同情心、冷漠等。父母要想培养出优秀的孩子，一定要更加重视培养孩子的自控力。

周末，妈妈带着楠楠去挑选生日礼物。楠楠早就期待着过生日，这样她就可以要求妈妈为她买一个心仪已久的芭比娃娃。到了商场，楠楠直奔芭比娃娃的专柜，很快就选好了一个穿着粉色公主装的芭比娃娃。妈妈无奈地笑着："都十岁的大姑娘了，还是这么喜欢小娃娃，真是少女心啊！要是选一份其他的礼物，说不准还能派上更大的用场呢，比如，学习机、机器人、轮滑、自行车等，都是很实用的！"对于妈妈的建议，楠楠充耳不闻："妈妈，快付款吧，我就喜欢芭比娃娃！"妈妈一边付款，一边安慰自己："孩子过生日，就买让孩子喜欢的东西吧！"

抱着芭比娃娃，楠楠高兴得手舞足蹈，和妈妈一起朝着超市走去。路上经过一家童装店，楠楠被橱窗里展示的一条公主裙吸引住了。她拉着妈妈不让走，一直盯着公主裙看，对妈妈说："妈妈，我可以再要一份礼物吗？我喜欢这条裙子。"妈妈看着裙子，说："的确很漂亮，但是你已经买了芭比娃娃当生日礼物，不能再买了。"楠楠央求妈妈："妈妈，你就当芭比娃娃是爸爸送的，这条裙子是你送的，好吗？"妈妈摇摇头："你记得你一个月前就买了一条裙子，说要在生日宴会上穿吗？一身牛仔裙，是你的最爱。"楠楠把头摇晃得和拨浪鼓一样："我现在不喜欢牛仔裙了，我喜欢这件裙子，看起来和

· 011 ·

芭比娃娃身上的公主裙很像,还是粉色的呢!您想,生日宴会的时候,我穿着粉色公主裙,抱着芭比娃娃,想想都很美呢!"妈妈有些迟疑说:"这条裙子真的不合适,你看,人家就是为了展示效果才做得这么复杂的,裙摆那么大,平日里根本没法穿。"楠楠却哭起来:"我就要嘛,我就要嘛,我就喜欢这样的裙子。就算只穿一次,平时挂在家里看也好。我就要,我就要,你把手机给我,我要给爸爸打电话!"在楠楠的哭闹不休中,妈妈无奈地买下了这条中看不中用的裙子。

楠楠显然缺乏自控力,所以她在购买了喜欢的芭比娃娃后,面对美丽的长裙,当即央求妈妈为她多买一件礼物。事例中,妈妈的做法也值得深思,在楠楠提出非分要求时,妈妈拒绝的语气就不够坚定,后来还表现出动摇,最终被楠楠的眼泪俘虏。世界上的好东西很多,没有人能够得到所有的好东西。作为父母,切勿使孩子产生错觉,误以为只要是他们喜欢的东西,就都可以得到,或者父母就应该买单。

父母与其用纵容的方式让孩子变得任性,不如引导孩子合理控制欲望,控制情绪,控制行为,这样才能成为自己的主宰,打消那些不切实际的念头,让自己表现得更好。

不管是孩子,还是成人,任性都是很糟糕的习惯。任性的人会越来越放纵自己,而不能理性地主宰和驾驭自己。只有引导孩子从小就理性思考,进行权衡,做出理智的选择,孩子才能远离任性,成为理性负责的人。

第01章
你不可不知的真相：孩子为什么缺乏自控力

孩子自控力差，影响后天成长

　　前文说过，自控力差有诸多表现，诸如任性、自私、贪婪等。其实，自控力差还有一个表现，就是不能专注，常常三心二意，导致学习表现很糟糕。那么，孩子的自控力为何很差呢？其实，孩子的自控力差，既有先天的原因，也有后天的原因。从生理角度来说，孩子的身心发育还不完善，虽然有自控力，但是还不够强大，因而需要后天不断地培养和提升。每个孩子的自控力都是不同的，有的孩子自控力很强，乖巧懂事，还特别听话；有的孩子自控力很差，对于父母的很多规定往往不能遵守，对父母所说的话也充耳不闻。甚至在同一个家庭里，两个孩子的表现也是不同的。在这种情况下，父母千万不要指着听话的孩子对不听话的孩子说："看看吧，都是同样的父母，为何你们俩相差这么大呢？"在孩子之间进行比较，会伤害他们。除了不要在亲兄弟姐妹之间进行比较之外，也不要把自家的孩子拿去和别人家的孩子进行比较，否则会伤害孩子的自尊。也许父母原本是想通过比较来激励孩子奋发图强，最终却导致孩子破罐子破摔，表现更加糟糕。

　　导致孩子自控力差的原因不同，既有先天的原因，也有后天的原因。不管是因为哪种原因，都会影响孩子的后天成长，因而父母要更加重视孩子的自控力发展。哪怕孩子先天自控力就很差也没关系，只要及时培养孩子的自控力，同时想出各种

有效的方法提升,就不会影响孩子的后天成长。

科学家经过研究发现,儿童自控力的强弱和生理因素有一定的关系。例如,有些人天生带有好战基因,倾向于暴力和罪恶,还有的人性格平和,对人很宽容,擅长控制自己。也有科学家发现,孩子的自控力除了和先天基因有关系之外,也和母亲怀孕时的状态有一定的关系。母亲怀孕时状态不好,或者因为各种原因导致胎儿发生早产,都有可能导致孩子的自控系统发育不良,影响孩子的自控力。有科学家提出,剖腹产生的孩子因为感统失调,所以很好动,而且不能特别顺利地避开障碍物。当然,这些结论都并非绝对,只能代表某一种现象。

从性格的角度来看,内向安静的孩子更自控,他们很敏感,会留意到他人的反应,从而调整自己的言行举止,以避免自己因为言行不当而遭到指责。相比之下,那些外向开朗的孩子往往性格急躁,更喜欢尝试和挑战新事物,因而他们会违背父母的意愿,也会战胜内心的恐惧,去尝试更多的事情。当然,这并不是说性格内向更好,性格外向不好,而是说每种性格都是立体的,都会表现出不同的一面。作为父母,要全方面了解孩子,这样才能给予孩子更好的引导和帮助。

对于学龄阶段的孩子,父母最关心的就是孩子的学习。当孩子因为缺乏自控力而在学习方面表现被动时,父母很容易就会抓狂。实际上,对于孩子的成长而言,这是正常现象,父母要做的是保持心态平和,与孩子更好地沟通,才能了解孩子的

第01章
你不可不知的真相：孩子为什么缺乏自控力

内心，走入孩子的心扉，也才能卓有成效地帮助孩子。

正在上班的妈妈手机响了，看到电话号码那一刹，妈妈不由得感到担心：是佳佳班主任打来的，肯定是佳佳又闯祸了。妈妈心虚地接了老师的电话，果然，电话里传来老师的声音："佳佳妈妈，您能不能管管佳佳？我实在是没办法了，他自己上课不听讲也就罢了，还和其他同学讲话，扰乱课堂秩序。再这样下去，我只能向校长申请，把他从我们班级里调走了。"妈妈赶紧向老师表示歉意："对不起，老师，我一定好好教育他，您千万不要把他调走啊。孩子本心不坏，就是管不住自己，放心，今天晚上回家我就狠狠地批评他，坚决让他改正！"

晚上回到家里，妈妈阴沉着脸看着佳佳，佳佳对自己犯的错误心知肚明，也猜到肯定是老师又向妈妈告状了，因而很胆怯地躲着妈妈。妈妈看到佳佳的样子，突然想到佳佳也不是故意的，为何要这么凶他呢？想到这里，妈妈和颜悦色地对佳佳说："佳佳，妈妈想问你一个问题，好吗？"佳佳点点头。妈妈接着说："上课的时候，你为什么要说话呢？"佳佳抓耳挠腮："妈妈，我不是故意的。"妈妈点点头："嗯嗯，妈妈相信你不是故意的。但是你要知道，上课的时候说话，首先，你自己听不到老师讲课。其次，和你说话的同学也听不到老师讲课。你知道老师最不喜欢什么样的学生吗？"佳佳好奇地瞪大眼睛看着妈妈。"老师最喜欢品学兼优、遵守课堂纪律的学生，最不喜欢那些捣蛋鬼。所谓捣蛋鬼，就是自己不认真

如何培养儿童的自控力

学习,还发出声音或者动静,让其他同学也没法专心听讲的学生。如果你真的不想听老师讲课,可以自己默默地坐着,不要出声,行吗?"佳佳有些难以置信地看着妈妈:"我可以不听讲?"妈妈无奈地说:"如果你对考试倒数第一、学习成绩糟糕,一点儿都不在乎的话可以不听讲。当然,你要是能做到认真听讲,也就不会影响别人,明白吗?因为一个专注学习的孩子,是不舍得浪费课堂时间来讲话的,他们必须竖起耳朵认真地听,生怕错过老师的任何一句话。"在给佳佳做好工作后,妈妈还咨询了心理专家,决定循序渐进地帮助佳佳展开专注力训练,培养和提升佳佳的专注力。妈妈从各个方面开始着手,和佳佳一起努力,渐渐地,佳佳的课堂表现越来越好。

对于学龄孩子而言,自控力差会引起很多后果,其中最让父母着急的后果之一是孩子在课堂上不能认真听讲,总是三心二意,听课的效果差。也有些孩子就像事例中的佳佳一样,不但自己不能认真听讲,而且还会和身边的同学说话,扰乱课堂秩序,引起老师的反感。众所周知,课堂质量的高低关系到孩子学习结果的好坏,自从提倡素质教育以来,很多教育者都提出了向课堂45分钟要教学质量的口号。其实,不管是学校教育,还是课外的培训班、辅导课或者兴趣学习,孩子们要想提升学习效果,就必须认真听讲,保证听课效果。即使孩子天资聪颖,也需要老师引导,所以每一个孩子都需要全神贯注地听讲,专心致志地思考,才能开动脑筋有更好的学习表现。

第01章
你不可不知的真相：孩子为什么缺乏自控力

孩子自控力差不仅仅影响学习，还会影响孩子各个方面的发展，例如，控制自身情绪、与人相处、日常生活习惯的养成、坚持进步和成长等。父母既不要无条件地满足孩子的各种欲望，纵容孩子的失控，也不要对于孩子的所有要求都马上否定或拒绝。只有适度满足孩子的合理需求和欲望，让孩子知道进行理性的思考和权衡的重要性，孩子才能增强自控力，有更好的自控表现。

生理能量对自控力的形成不可或缺

看到这里，很多父母也许会觉得奇怪：自控力受到精神和意志力的影响，为何会与生理能量相关呢？首先，练习和提升自控力，是需要消耗生理能量的。其次，一个人的生理需求是否得到了满足，决定他能在多大程度上进行自控。举个简单的例子，如果一个人已经三天都没有吃饭了，面对一大锅香喷喷的、热腾腾的馒头，他偷窃的欲望是会增强还是降低呢？反之，一个人刚刚吃完美味佳肴，吃得肚饱溜圆，即使面对着燕窝鱼翅，他又有多么强烈的欲望想要吃呢？马斯洛把人的需求分为五个层次，这五个层次是由下到上的递进关系，一个人在不能保证温饱的情况下，往往不会追求更高的社会需求层次。

孩子们的自控力原本就比较差，而且正处于快速长身体的

 如何培养儿童的自控力

阶段,所以每天都需要大量消耗能量。在这种情况下,如果不能给孩子足够的生理能量,孩子很难发展自控力。这并非精神和意志所能决定的,人类的大脑在发现身体中可用消耗的能量急速减少时,就会感到紧张,因而给身体发出指令,让身体不要再继续耗费能量,从而保存资源。这样一来,大脑就会削弱身体的能量预算,首当其中的就是较少用于"自控"的能量。这是因为,在所有的大脑活动中,自控耗费的能量是最多的。在缺少能量的情况下,大脑会有限满足当下的需求,而不愿意提供能量帮助人们控制情绪,保持专注,抵御诱惑。由此可见,要想培养和发展孩子的自控力,父母要保证孩子拥有足够的生理能量。那么,父母怎么做,才能源源不断地供给孩子生理能量,为孩子增强自控力提供保障呢?

1. 父母要明确,"吃"对孩子很重要

父母要供给孩子合理的饮食,让孩子的身体能得到足够的能量,从而形成自控力的能量场。孩子吃得好,就能确保大脑在进行自我控制和管理时,能够得到所需要的血糖含量。当然,吃得好,并不是说食物要高能量、高营养和高热量。很多父母会给孩子吃各种特别有营养的补品,结果反而促使孩子早熟,扰乱了孩子的正常生长。所谓"好",指的是要定时定量吃饭,少吃零食,摄入营养均衡的正餐。很多孩子只爱吃零食,不爱吃正餐,特别瘦,营养不良,身体必然缺少能量;也有的孩子胡吃海塞,除了吃正餐,还吃很多的高热量零食,导

第01章
你不可不知的真相：孩子为什么缺乏自控力

致肥胖等基础疾病的发生，损害身体。"吃"，是孩子摄入营养的最重要方式之一，孩子只有吃得好，才能长得好，只有长得好，身体才会健康，充满活力。

2. 父母要知道，"睡"对孩子同样重要

很多父母只关注孩子吃饭的问题，而忽略了孩子的睡眠问题。殊不知，睡觉和吃饭一样，对孩子的生长发育是很重要的。有专家对睡眠进行研究发现，长期睡眠不足，或者睡眠质量不高，会使孩子的脑部发育受到影响。在睡眠状态中，孩子会完成大部分的脑功能发育。那些睡眠时间短、每天哈欠连天的孩子，很难在学习上有良好的表现。相反，睡眠充足、睡眠质量高的孩子，则思维更加敏捷，学习事半功倍。

也有专家研究表明，睡眠不好的孩子记忆力差，理解能力下降，身体的状态如同喝醉酒一样，晕头转向的。此外，睡眠不好还容易导致肥胖，甚至有多动的倾向。这些问题都是因为睡眠不足而使孩子无法发展自控力，无法管理自己。为此，有教育专家指出，在幼儿园和小学中低年级阶段，孩子的学习任务比较轻松，父母应该重点培养孩子养成良好的作息习惯，保证孩子得到充足的高质量睡眠，在此基础上，引导孩子养成良好的学习习惯，这样才能为将来进行学习奠定基础。根据孩子所处的年龄阶段不同，他们需要的睡眠时间也不相同，而且即使是同龄的孩子，不同孩子对于睡眠时间的需求也是不同的。所以父母既要参考科学的数据，又不能盲目迷信科学数据，而

· 019 ·

如何培养儿童的自控力

是要根据孩子的生理特点，满足孩子的睡眠需求。

3. 生命不息，运动不止

人人都知道"生命在于运动"，但是真正能坚持运动的人却很少，尤其是如今的孩子学业任务重，学习压力大，更不愿意把宝贵的时间用来运动。也有些父母觉得孩子没必要运动，他们对孩子唯一的要求和希望就是学习好。实际上，运动的好处特别多，会让孩子的头脑更发达。

在运动过程中，孩子需要调动身体上的很多部位，这样一来，大脑相关的部位就会得到刺激，进行发育。有专家专门进行神经学和运动机能学的研究，证实了坚持运动可以刺激大脑发育，也有利于发展自控力。作为父母，千万不要只盯着孩子的学习成绩。身体是革命的本钱，每一个人无论在社会生活中扮演着怎样的角色，也无论自己想要创造怎样的人生，都要先有好的身体，才能拥有革命的本钱。

第02章

掌控情绪，先成人后成才

现代社会，大多数父母都望子成龙，望女成凤，他们最大的心愿就是希望孩子学习好，有出息。殊不知，一个孩子哪怕在学习上表现优异，也的确如父母所愿考取了好大学，拥有了好工作，但是如果他们不懂得掌控自己的情绪，在面对很多问题的时候常常失去理性，那么他们就无法很好地生活下去。对于每一个孩子而言，都要先成人，才能再成才。否则，哪怕有再多的才华，却不能主宰和驾驭自己，说不定就会把才华用在不该用的地方，让人生因为才华而"受累"。

学会调控情绪很重要

诸葛亮三气周瑜的典故我们都听过,原理是什么呢?人真的会被气死吗?其实,人是不会被气死的,而是因为过于愤怒,导致情绪崩溃,损伤了身体,所以才会使生命戛然而止。

在《情商》一书中,丹尼尔·戈尔曼说:"假如你无法控制自己的情绪,也不能客观理性地认知自己;假如你无法管理好负面情绪,假如你不能设身处地为他人着想,并且拥有良好的人际关系,那么不管你多么聪明,都无法拥有美好的人生。"丹尼尔·戈尔曼的这段话告诉我们,情绪管理对于一个人而言有多么重要。作为父母,在教育孩子的过程中,要从小培养孩子调控情绪的能力,让孩子知道一个人必须控制好自己的情绪,才能主宰自己的人生。

人的基本情绪包括愉快、悲伤、惊讶、愤怒、厌恶、恶惧6个方面,也就是人们常说的喜、哀、惊、怒、厌、惧。新生儿出生后6个月之内,就会表现出这些基本情绪。在基本情绪的基础上,他们会发展出自我意识情绪,即需要自我觉察的情绪,包括嫉妒、同情、羞愧、内省等。孩子想要增强调控情绪的能力,首先要意识到情绪的存在,也要能够调控自我意识情绪。很多细心的父母都会发现,孩子在2岁之前很大方,有好吃

第02章
掌控情绪，先成人后成才

的好玩的，都愿意与身边的人分享。但是2岁开始，他们很爱说"不"，这是因为孩子小时候处于无我的状态，误以为自己与外部世界是一体的，但随着不断成长，自我意识觉醒和增强，他们越来越喜欢说"不"。在这个阶段，孩子的"不"不仅仅是一种拒绝，更是一种主权的宣誓。当然，在每个成长阶段，孩子都会产生不同的成长情绪。

四五岁之后，孩子知道不同的事情会引发不同的人产生不同的感受，也对情绪有了更深刻的感知。随着不断成长，他们对于自身情绪的控制能力会越来越强。因此，父母应该抓住这段时间，有意识地培养孩子的情绪控制能力，引导孩子更客观公允地看待很多事情。有些父母看到孩子骄纵任性，并不以为然，自动觉得孩子只要长大了，情绪表现就会越来越好。这样的想法完全错误。如果父母不能有意识地引导和教育孩子，帮助孩子发展情绪自控力，孩子的情绪表现只会越来越差。

民间有句俗话，"树大自然直"，其实是错误的。一棵小小的树苗，如果在成长过程中就是弯曲的，长大之后怎么可能自己就变直了呢？孩子就像树苗，当有大风大雨来袭的时候，父母要对他们加以保护，他们才能长得更为茁壮。同样的道理，当情绪的暴风雨来袭时，父母一定要给予孩子引导和帮助，才能避免孩子被摧残。当然，随着不断成长，孩子对于情绪调控的能力也会不断增强，他们对于情绪的自察和内省，也会有更好的表现。具体而言，父母要做到以下几点。

1. 教会孩子如何表达情绪

社会生活中,有些人特别擅长与人交往,他们在社会生活圈子里游刃有余,而且常常想着向其他人传递能量。为此,他们也会吸引更多的正能量来到自己的身边,形成正能量场。通常情况下,这样的人都是很善良平和的,而且内心拥有强大的力量,他们会给人以亲和感,也会得到他人的信任和依赖。作为父母,一定也希望孩子成为社交圈子的核心人物,那么在教养孩子的过程中就要多多留心。孩子在成长的过程中难免会遇到各种各样的难处,当对困难束手无策的时候,要教会孩子如何表达心中的担忧和无助,也要教会孩子向他人寻求帮助。在这种情况下,以抱怨的方式消极对待是最不可取的。父母还要为孩子做好榜样,既要心平气和地与孩子沟通,打开孩子的心扉,也要在面对困难时表现出积极的心态,以强大的力量去战胜和解决问题。渐渐地,孩子就会学会积极地沟通,表达情绪,解决问题。

2. 帮助孩子认知情绪

孩子还小,不管是对于自身的情绪,还是对于他人的情绪,未必会非常敏感地觉察,也未必会很清楚地认知。在生活中,每当有情绪出现,父母要引导孩子认知情绪。对于他人的情绪,可以让孩子观察他人的言行表现,让孩子知道他人在特定的情况下会说出什么话,做出什么事情。当孩子自身发生情绪时,父母要告诉孩子别慌张,用心体会情绪,也要用语言来表达当时的感受。当孩子对情绪有更深入的认知，也能从容地表达情绪时，他们对于情绪的掌控能力就会渐渐增强。

曾经有教育心理学家经过研究发现，对于孩子而言，6岁前的情感经验将会影响孩子的个性发展和品格培养，也会对孩子的人生产生久远的影响。作为父母，切勿只是地把孩子的学习放在第一位，还应该重视培养孩子的情绪控制能力，帮助孩子管理好自身的情绪，有效地提升孩子的情商，为孩子人生的成功奠定坚实的基础。

0~12个月，如何与宝宝进行情绪交流

新生儿出生后，1岁前后才会说话。为此，有些父母觉得不需要和婴儿进行交流。其实，这样的想法大错特错。孩子不足百天，就有了情绪交流的需要。细心的父母会发现，在和孩子咿咿呀呀进行互动和沟通的过程中，孩子会有很明显的情绪表现，所以不要把小小婴儿当成世界的绝缘体对待。恰恰相反，哪怕是很小的孩子，也有喜怒哀乐忧惊惧等几种情绪。例如，婴儿在听到突然发出的巨响之后会嚎啕大哭，这就是他们因为受到惊吓而产生的行为变化。如果妈妈对着婴儿微笑，婴儿便也会对着妈妈微笑。稍微大点儿的孩子，还会一边微笑一边发出咿咿呀呀学语的声音。对于婴儿来说，这正是一种交

流的方式。

3个月的婴儿,已经能够模模糊糊地辨认出爸爸妈妈的脸。例如,爸爸早晨出门上班,一天都不在家,等到晚上下班回来,抱起婴儿,婴儿会对着爸爸笑起来,表现出明显的欣喜。他们不仅会对认识的人微笑,还会"察言观色"和模仿他人的语调。父母一定要抓住这个千载难逢的好时机,对婴儿做出丰富的表情,也说一些简单的语调供给婴儿模仿。这可以促进婴儿语言能力的发展,培养婴儿的社交能力。

对于3~6个月的婴儿,父母要与他们展开正面情绪交流。父母是孩子最亲密和最信任的人,婴儿父母的情绪状态将会对孩子产生很大的影响。如果父母突然拿走孩子手中的食物,孩子会很生气;如果父母突然终止与孩子的游戏,孩子会很失望和悲伤。这是因为,3~6个月的婴儿拥有了目标感,他们会目标明确地想要完成一件事情。而且这个阶段的孩子观察力更敏锐,他们可以看出他人是高兴还是悲伤,是兴奋还是沮丧,从而调整情绪,做出相应的反应。

随着月龄的增长,孩子在6~8个月之间进入到探索时期,对世界充满更为强烈的好奇。9~12个月,婴儿自我表达的欲望越来越强,父母要积极地和孩子分享想法和情绪,孩子在此过程中可以分辨出父母的哪些言行举止是针对他们的。并且,他们会做出积极的反应,以点头摇头的方式,或者用简短的语言表达他们内心的喜乐。在这个阶段,孩子很希望父母能够陪伴在他们的身边，关注他们的情绪，这样他们才会觉得自己与父母非常亲近，也会觉得内心踏实。

12个月的婴儿越来越敏感，可以对父母的情绪和态度做出敏感的反应。例如，对于爸爸表现出明显厌恶的玩具，他们会避免玩耍；对于爸爸表现出明显喜欢的玩具，他们会很喜欢。这说明孩子已经可以根据父母的态度来调整自己的行为，从而让自己得到父母的喜爱。这也意味着，亲子之间的交流从此前以父母的情绪表达为主，到现在的亲子之间双向互动。由此，亲子关系会更亲密，亲子感情会更深厚。

0~12个月，是新生儿出生之后最为关键的成长时期。偏偏有很多父母对于这个阶段的孩子都不够关注。他们觉得孩子还小，不会说话，又不懂事，因而父母怎么对待他们，以及在不在他们身边都没有关系。因此，他们把孩子交给老人抚养，自己则很长时间才会露面。也有些妈妈因为各种原因心情不好，虽然亲自照顾孩子，却总是愁眉苦脸，不愿意和孩子沟通，更不愿意对孩子展现笑容。殊不知，这对孩子的影响是特别严重的，甚至会维持很长一段时间。科学研究表明，妈妈的抑郁症会让孩子感到痛苦，产生困惑，也会影响孩子的智力发育、情绪发育等。妈妈忧郁的时间越长，对孩子的影响也就越糟糕，越深远。因此再也不要觉得婴儿什么都不懂，虽然婴儿不会说话，但是他们却能够感知。父母一定要多多了解婴幼儿的身心发展特点，尤其是妈妈每天和孩子朝夕相处，更要调整好状

态,与婴儿进行良好的互动和沟通。

帮助孩子缓解分离焦虑情绪

幼儿阶段,孩子还很依恋妈妈,在从家庭生活向幼儿园生活过渡期间,会发生分离焦虑。也有些孩子的分离焦虑发生得比较早,例如,妈妈的产假、年假等都已经休完了,孩子才1岁无法上幼儿园,妈妈就要去上班。这个阶段,孩子也会产生分离焦虑。

所谓"分离焦虑"并不一定只发生在孩子和妈妈之间。有些孩子从小由奶奶或者姥姥帮助养育,那么在被带离亲密照顾者的身边时,也会发生分离焦虑。笼统地说,孩子在与依赖对象分开时,会感到不安,由此情绪波动,行为异常,这就是分离焦虑的表现。从心理学的角度来说,分离焦虑与孩子的不安全依恋密切相关。儿童心理学家经过研究发现,在6~8个月和18~24个月之间,孩子对于亲密照顾者的依恋最深,一旦在这两个阶段与密切照顾者分开,孩子就会感到焦虑不安。因而如果不得不在这两个阶段更换照顾孩子的人,一定要关注孩子的情绪反应,帮助孩子缓解分离焦虑。除了这两个阶段,在上幼儿园之前,孩子们每天在家和照顾者朝夕相处,一旦到了上幼儿园的年龄,突然从熟悉的家庭环境到陌生的幼儿园环境,也会

第02章
掌控情绪，先成人后成才

感到焦虑。这是孩子成长过程中必然经过的阶段，父母要陪伴孩子度过。

自从思思出生后，妈妈就辞掉了工作，留在家里照顾思思。在2岁之前，思思从来没有和妈妈分开过。思思过了2岁生日后，妈妈决定去上班，因而把姥姥从老家接过来帮忙带思思。姥姥来的第一天，妈妈就外出找工作了，她才刚刚离开家半个小时，就接到了姥姥的电话："你快回来吧，思思在家哭得上气不接下气，我哄得满头大汗，也没把她哄好。这个小丫头怎么这么倔强任性呢，给什么都扔，就是一直哭！"听说思思哭得这么厉害，妈妈当即下了公交车，打车往家里赶去。看到妈妈推开家门，思思赶紧扑过去抱住妈妈的腿，妈妈也忍不住红了眼眶。

整整一天，思思都黏在妈妈身上，不愿意离开。就算妈妈上厕所，她都要跟在妈妈身后，让妈妈抱着她。妈妈无奈："思思啊，妈妈要去工作，不然全家都指望着爸爸一个人上班，快把爸爸累死啦！"晚上，妈妈和爸爸说了思思的表现，为难地说："我是上班呢，还是再带她一年，到她上幼儿园呢？"爸爸想了想说："就算你带她到上幼儿园，刚开始把她送到幼儿园，她还是会哭。我觉得，你可以和妈妈一起带她，给她一段适应的时间，让她对姥姥更熟悉一些，就不至于这么害怕了。凡事都有个过程嘛！"爸爸的话启迪了妈妈，妈妈查阅了一些关于分离焦虑症的资料，决定继续留在家里一个月，在此期间让思思熟悉姥姥，而她也可以时不时地短暂出去一下再回来，让思思知道妈妈很快就会回家的。果然，经过一个月的调整和适应，思思虽然还是不愿意和妈妈分开，但是至少不会哭得撕心裂肺了。有了这次经验，在入园前几个月，妈妈还给思思报名了小小班，每天从只上一个小时课程，到上半天课程，等到真正开始小班的全天学习时，思思已经适应得非常好了，就这样平稳顺利地度过了幼儿园的适应阶段。

除非妈妈一直不上班，否则孩子总会经历断奶和交给其他长辈帮忙带养的经历。即使这些都没有，在进入幼儿园的初期阶段，孩子也会因为分离焦虑而哭泣。不过，每个孩子面对分离焦虑的表现是不同的。以初入幼儿园为例，有的孩子哭几天就好了，有的孩子哭十几天才好，甚至有孩子哭几个月的。为了帮助孩子顺利度过分离焦虑期，爸爸妈妈应该提前做好准备。例如，事例中的思思妈妈，在看到思思的分离表现后，对于接下来的入园分离，就提前做好了准备，所以思思适应得非常好。

孩子认生是正常的表现，还可以进行自我保护。因此，分离焦虑很严重的孩子，往往缺乏安全感。可以说，每个孩子都有分离焦虑，只是每个孩子分离焦虑的程度不同，表现也不同。当发现孩子产生分离焦虑时，父母切勿简单粗暴，把孩子当成没有感情的小娃娃对待，而是要更加关注孩子的心理表现和情绪异常。有些孩子因为分离焦虑哭闹不休，还有可能因此而生病。如果孩子的幼儿时期始终受到分离焦虑的负面影响，将来的性格和人格，就都会受到严重影响。那么，父母要怎么做，才能帮助孩子缓解分离焦虑呢？

1. 照顾者要固定

前文说过，孩子在6～8个月、18～24个月期间对亲密照顾者的依赖感最强，那么如果一定要换人照顾孩子，就要避开这两个时间段，以免使孩子缺乏安全感，导致分离焦虑更为严重。

2. 不要让孩子直接独自面对陌生环境及陌生人

如果换人照顾孩子，可以先由亲密照顾者和继任照顾者一起照顾孩子一段时间，消除孩子与继任照顾者之间的陌生感和隔阂感。如果家里没有固定的人帮忙照顾孩子，而是要请保姆，那么尽量不要频繁地换保姆，否则会让孩子感到不安。如果要把孩子送到陌生的环境中，如幼儿园，那么可以先带着孩子熟悉幼儿园的环境，熟悉老师，这对于帮助孩子适应幼儿园是很有好处的。

3. 在和孩子约定的时间里准时出现在孩子面前

孩子之所以害怕分离，是因为担心妈妈不见了，彻底消失了。如果妈妈能够经常和孩子做一个小游戏，告诉孩子自己从现在离开到什么时候会回来，而且每次都按时回来，那么孩子就不会再担心妈妈消失，分离焦虑也会大大缓解。尤其需要注意的是，在孩子初入幼儿园时，妈妈切勿趁着孩子哭闹突然消失，把无助的孩子独自丢给老师。哪怕孩子哭闹不休，也要告诉孩子妈妈下午就来接你回家，这样孩子很明确妈妈会来接他，尽管哭闹，但是心里会觉得踏实。

4. 切勿恐吓孩子

很多继任照顾者看到孩子哭闹不休，会恐吓孩子："别哭啦，再哭警察就把你抓走了！""别哭啦，再哭我也不管你了，把你关到门外，不让你回家！"类似的话会让原本就产生分离焦虑的孩子更加害怕，更加恐惧。

如果了解了分离焦虑的原因是孩子缺乏安全感，怕自己熟悉的妈妈一去不返，作为继任照顾者，还会这样恐吓孩子吗？所以一定要懂得一些儿童心理学，这样才能让孩子得到安全感，有效缓解孩子的分离焦虑。例如，可以让孩子在熟悉的环境中玩耍，给孩子最喜欢的玩具，也可以给孩子打电话，与孩子视频，让孩子相信他很快就会与妈妈再见。

越是与父母亲密无间的孩子，因为父母离开而产生的分离焦虑就越严重。也可以说，孩子的分离焦虑恰恰是对父母依赖、信任的真情流露，是值得珍惜的。

父母一定不要嫌弃孩子哭哭啼啼，而是要给孩子足够的耐心陪伴，也要毫无保留地向孩子表达父母的爱，这样孩子才能顺利度过分离焦虑期，有更强的安全感。

不可忽视孩子的恐惧心理

有人说,恐惧是上古情绪,意思是从人类有史以来,恐惧就深植在人心之中,每个人都会感到恐惧,这是在所难免的。然而,孩子恐惧的东西似乎比成人要多,这是为什么呢?其实是因为孩子对于世界的认知很浅,他们自身的学识和人生经验有限。实际上,心理学家经过研究发现,大多数人所恐惧的都是未知的事物。孩子的恐惧正符合这个道理,即孩子对世界缺乏了解,又不能用自己已经掌握的知识透彻地了解世界,所以他们就感到更加害怕和恐惧。

面对孩子的恐惧,很多父母都不以为然。例如,孩子怕黑,父母会说黑不可怕啊,你要勇敢一些;孩子怕狗,父母会说小狗狗那么小,有什么好怕的;孩子怕高,父母会鼓励孩子是男子汉,要勇敢,要向其他小朋友学习。当父母每一次都这么说,渐渐地,孩子就会否定自己的感受:我不应该害怕,我应该勇敢,我之所以害怕,都是因为我不够勇敢,因为我是胆小鬼。如果孩子产生了这样的自我认知,他们就有可能很沮丧,也常常会否定自己。

从本能的角度来说,恐惧是一种自我保护机制。孩子如果天不怕地不怕,就会不小心伤害自己。例如,孩子不怕火,可能被火灼伤;孩子不怕水,有可能会溺水。很多孩子小时候遭遇过可怕的事情,例如,有过溺水的经历,即使长大了,看到水也会觉得害怕。这种恐惧根植于他们的内心,让他们终生难忘。作为父母,切勿忽视孩子的恐惧心理,尤其是当孩子的恐惧表现出来时,父母一则要探究孩子到底为何恐惧,二则也要帮助孩子消除恐惧。

也有的父母会发现,孩子小时候并不那么恐惧,反而随着长大,越来越恐惧。这是为什么呢?因为孩子小时候生活在熟悉的家庭环境中,只和亲近的家人打交道,很少接触外界。随着不断地成长,孩子渐渐地走出家门,来到广阔的天地中,很多东西都使他们好奇,很多人都让他们感到陌生。他们的探索欲也会越来越强,与此同时,他们也会受到更多的伤害。

例如,很多孩子进入幼儿园会产生分离焦虑,就是因为感到恐惧。在陌生的环境中,面对陌生的人,妈妈并不能陪伴自己,为此他们开始哭泣,开始吵闹。如果妈妈能够提前带着孩子一起熟悉幼儿园,和老师相处,那么孩子对于幼儿园的恐惧会大大降低。其实,要想尽快消除孩子的恐惧,妈妈还可以引导孩子和幼儿园里的小伙伴交朋友。

有些父母常常感到苦恼,为何在成人眼中微不足道的小事情,孩子却那么害怕呢?不得不说,如果父母不理解孩子的恐惧情绪,还常常斥责孩子,那么孩子就会更加恐惧。反之,如果父母能够理解孩子的恐惧,并想方设法帮助孩子消除恐惧,那么孩子就会感受到父母和他站在一起,明白他的感受,也会

第 02 章
掌控情绪，先成人后成才

拼尽全力保护他，那么恐惧的情绪就会减轻。

有些孩子的恐惧是有其他原因的。当孩子对某些事物突然恐惧，父母要观察孩子的异常表现，了解孩子异常行为背后隐藏的原因，这样才能有针对性地解决问题。例如，孩子原本不怕黑，突然怕黑；孩子原本能够独立上学放学，突然说害怕。这些问题，都要引起父母的重视。哪怕觉得孩子恐惧的事物根本不可怕，也不要对孩子冷嘲热讽。否则伤害了孩子的自尊心，孩子将来再感到恐惧就不会告诉别人，而是选择一个人默默承受。

不管多么生气，妈妈从来不会当着豆豆的面和爸爸吵架。有一个周末，豆豆在家，妈妈和爸爸争执起来，就在情绪即将爆发时，妈妈对爸爸说："走吧，咱们去楼下公园里把这件事情说清楚。"爸爸不解："为什么要去楼下公园里，不怕别人看到丢人吗？"妈妈说："我宁愿别人看到丢人，也不想让豆豆看到害怕。"爸爸听到妈妈的话突然想起妈妈小时候的成长经历，赶紧偃旗息鼓："老婆，我错了，都是我的错，咱们不吵架了哈！"爸爸使出浑身招数，终于把妈妈哄开心了。

原来，豆豆的姥爷有酒瘾，常常喝醉了酒就和姥姥吵架。那个时候，妈妈才几岁，又不能劝说姥姥姥爷不吵架，只能蜷缩在角落里提心吊胆。有时，姥爷还会对姥姥动手，妈妈就吓得撕心裂肺地喊叫，然后光溜溜地从被窝里逃出家门，一丝不

· 035 ·

挂地冲到雨地里。从此之后，妈妈就经常做同样一个梦：在家附近的一座桥上，姥姥纵身跳入河里消失了，桥面上只剩下妈妈一个人在哭泣。有的时候，梦也会有所变化，还是在那座桥上，姥姥要跳河，妈妈抱着姥姥的腿哭，死死地拉着姥姥。爸爸知道，妈妈从小就缺乏安全感，因此很害怕豆豆看到爸爸妈妈吵架也会缺乏安全感，所以他不再和妈妈吵架了。

童年时期的生活到底会给孩子留下多少阴影和伤痛呢？很多父母都不知道，但是心理学家却知道。他们曾经对一些罪犯进行心理研究，发现大多数罪犯在童年时期生活得都不好，都出身于糟糕的家庭中。网络上有一则新闻，一个女孩在看到爸爸妈妈吵架，极力劝说无果后，纵身从二十多层高的楼跳下，失去了稚嫩的生命。

父母常常抱怨孩子不知道他们的爱有多深，其实，作为父母，他们也从来不知道孩子有多么依赖他们。对于缺乏安全感的孩子而言，父母就像是他们的天与地，当看到家庭在父母的争吵中分崩离析，他们第一时间就会想到自己即将失去爸爸妈妈，再也不能幸福地生活。这样一来，他们难免会感到恐惧。当恐惧到达一定的限度，他们会选择各种极端的方式逃避，例如死亡。

除了对父母吵架感到恐惧，孩子们还会害怕很多事情。例如，有些孩子怕自己某些事情做不好，不能如愿以偿地获得成功，所以选择不去做。也有些孩子害怕与人相处，因而总是很孤单。有的孩子因为害怕做噩梦，所以不愿意睡觉。还有的孩子在经历了长辈离世的打击后，很害怕死亡。孩子恐惧的东西形形色色，父母一定要正视和重视孩子的恐惧，这样才能挖掘孩子深层次的恐惧心理，帮助孩子战胜恐惧。

自我意识的发展成就孩子的独占欲

  细心的父母会发现，两岁前后，原本很"大方"的孩子变得越来越小气。他们不但不愿意和小朋友分享自己的东西，而且还会把小朋友的东西据为己有。有的时候，爸爸妈妈带着孩子去亲戚朋友家里做客，看到孩子不把自己当外人，对于小主人的东西全都毫不客气地享用，离开的时候还恨不得把小主人的玩具带走，未免会感到很不好意思。其实，这不是因为孩子自私，而是因为孩子在两岁前后，随着自我意识的发展，独占欲越来越强。父母要正确看待孩子的独占欲，不要批评和否定孩子，而是要尊重孩子的心理发展，并以合适的方式引导和帮助孩子。

  两三岁的孩子最喜欢说不。他们不愿意把自己的东西与小朋友分享，看到小朋友有好吃的好玩的，还会去抢。这是因为孩子还没有形成明确的物权概念，他们占有一件东西的原因很简单，即喜欢。在这个阶段，父母如果想让孩子把自己的东西与其他人分享，会非常困难。有些父母因此指责孩子很小气，其实孩子既不小气，也不自私，因为他连东西是谁的都还搞不清楚，根本没有分享的意识，又如何能真正表现出大方。为了抢夺东西，两三岁的孩子经常与同龄小伙伴发生争执，甚至还会吵起来。只有自我意识渐渐发展，对于物权的概念更加明晰，孩子才会讲道理，也才能主动分享，更好地控制自己，与其他小朋友友好相处。

大海2岁了，是个很可爱的男孩。妈妈对大海各个方面的表现都很满意，例如，活泼可爱、讲礼貌，也很讲卫生，但是唯独对大海不讲道理很头疼。每次带大海去大姨家里玩耍，大海都会抢5岁表哥的玩具，这让妈妈非常头疼。为了减少矛盾，妈妈只好减少带着大海去大姨家的次数。

这一次，大姨生病了，妈妈要去看望大姨，偏偏爸爸出差了，没有人带大海，妈妈只好带着大海一起去看望大姨。才到大姨家里，大海就发现客厅里堆着很多亲朋好友来看大姨带来的好吃的，有各种牛奶、各种点心还有很多水果。妈妈还没来得及和大姨说话，大海就直奔好东西而去，自己打开一盒车厘子，叫嚷着让妈妈帮他洗。妈妈不同意大海吃，大海就哇哇大哭。大姨对妈妈说："你赶紧去洗啊，孩子爱吃就给他吃，这么多呢，都放得干巴了，我们根本吃不了这么多。"妈妈洗好车厘子，大海吃得可开心了。然后，大海又去翻找其他的零食。妈妈抱着大海，不让大海乱动，大海马上发脾气，像个小牛一样在妈妈怀里不停地动来动去。妈妈不好意思地对大姨说:"哎呀,都怪大海爸爸出差了,我真是带了个土匪来啊!"大姨说:"没关系的,小孩子都是这样,我家孩子小时候到你家,不也是掘地三尺要找各种好吃的好玩的么!你们那会儿才刚刚结婚,还没有孩子呢,也没说什么呀!这些东西我也吃不完,放得时间长了,就坏了,你们走的时候带一些,就当是给我减轻负担了!"有了大姨这句话,妈妈这才放下心来,她和大姨聊了会儿天,赶紧卷起袖子帮助大姨做饭。

陪着大姨吃完饭,妈妈要带着大海回家了。大海却不愿意走,为什么呢?原来,妈妈知道很多人来看大姨都带着好吃的,所以她除了带了大姨爱吃的一些熟食之外,还给大姨家的孩子带了一件玩具!大姨家的孩子不在家,玩具就没有打开,连着包装放在客厅里。临走时,大海死活要把玩具带走。妈妈再三和大海讲道理,大海就是不同意,大姨让妈妈把玩具带回去给大海玩,说反正表哥不在家,也不会反对,妈妈不好意思。无奈之下,大姨找出表哥的一件新玩具给大海,大海还是要坚持把那件玩具带走,口中不停地喊着:"我的,我的!"妈妈说:"姐,改天我再给外甥买,这个混世魔王油盐不进,非说这个玩具是他的,我就先拿走了。"大姨笑起来:"拿啊,我就说让你拿,你非得惹得他哭。孩子哪里知道大人间这些礼数呢,他们只要喜欢就会要。"妈妈也笑起来:"你可真是我亲姐,不然我可丢人丢大发了!"大姨说:"有孩子的人都知道,这没什么的。"

事例中,大海之所以看到什么都想要,要不到就哭,就是因为他是2岁的孩子。在2岁孩子的心中,占有一件东西既不需要付钱,也不需要和谁商量,只要自己喜欢就行。他们虽然看到喜欢的东西就要,但是却没想到其他孩子也和他们一样,因此就表现出任性霸道的特点,还常常因为求之不得而大发脾气。

当孩子因为占有欲不能满足而情绪波动时,父母要循序渐进地引导孩子,教会孩子东西有不同的归属,要知道哪些东西是属于自己的,哪些东西是属于他人的。这样孩子才能准确地区分东西的归属,也才能控制自己的欲望,或者以合理正当的方式得到自己想要的东西。当发现孩子因与小伙伴抢东西而发生矛盾和争执,甚至打起来的时候,父母不要大惊小怪,孩子有原始占有欲,他们要在不断成长的过程中,才能形成物权概念。

从另外一个角度来说,如果看到孩子表现"自私",即不愿意把自己的东西与他人分享,父母切勿给孩子贴上"自私"的标签。两三岁的孩子"以自我为中心",因而并不懂得分享的概念。他们的自我意识正在觉醒和形成,所以反而更愿意把东西据为己有,又怎么会主动地、心甘情愿地把自己的东西分享给他人呢?因此,父母不要强求孩子分享,这会让孩子缺乏安全感,也会让他觉得自己的利益受到损害。为了淡化孩子的个人所有权，在家庭生活中，父母在为孩子买东西的时候，没有必要和孩子强调这个东西是专门为孩子而买的，而是要在家庭生活中潜移默化地教会孩子，这些东西是属于大家的，每个人都可以分享。还记得孔融让梨的故事吗？当孩子学会了和家人分享，他们就会对他人大方起来。在其乐融融地与家人或者他人相处的过程中，孩子的自控力也会得以发展，变得越来越强。

第03章

责任感,让孩子对自己和他人负责

责任感,是人生的脊梁。孩子虽然小,父母却要注重培养孩子的责任感,让孩子有责任心。不管是谁,只有对自己和他人负责,才能承担起人生的重任,也才能拥有充实精彩的人生。毫无疑问,承担责任并不是一件简单容易的事情,也不是仅仅依靠口头表达就可以做好的事情,而是需要勇敢面对,坚持付出。

诚信是做人的根基

对于每个人而言，信守承诺都是人生的根本。常言道，一诺千金。一个人如果不讲信用，根本无法在社会上站稳脚跟。有些父母觉得孩子还小，谈不上是否有诚信，其实，诚信正是应该从小培养的。俗话说，"从小偷针，到大偷金"如果一个孩子从小就偷偷摸摸，长大了就会恶习难改，说不定就变成了一个真正的小偷。同样的道理，如果一个孩子从小就满嘴谎言，说话从来不过脑子，而且总是对自己说过的话不负责任，那么他不但会养成不讲诚信的坏习惯，也不可能得到他人的尊重和信任。

人是群居动物，生活在这个世界上，每个人都要与他人相处。在人际交往的过程中，诚信是非常重要的品质，也是立人立世的根基。缺乏诚信，人生的大厦就会坍塌；缺乏诚信，人生的路就会越走越窄。所以父母一定要注重培养孩子诚信的品质，这样孩子将来才能以诚信立世，也才能与身边的人搞好关系，为人生的发展奠定基础。要想培养孩子诚信的品质，主要做到以下几点。

首先，教会孩子不轻言，信守诺言。很多人都觉得说话很容易，无非是上下嘴唇碰撞，就把一时兴之所至的想法说出来了。说过之后呢？他们根本没有意识到自己要兑现诺言，这就是轻言的错误，即说话容易，兑现很难。要想让孩子形成诚信的品质，父母要先给孩子作言出必行的榜样。如果父母本身说话就很随意，也从不兑现对孩子的承诺，那么孩子就不会信守诺言。所以父母一旦对孩子做出承诺，不管多么难，都兑现。

古时候，曾子是一个特别诚信的人。哪怕对孩子，曾子也决不食言。有一天，曾子的妻子要去赶集，孩子也想去。妻子对孩子说："孩子，你乖乖在家等着，等我赶集回来，杀猪给你吃肉，好吗？"孩子一听说有肉吃，高兴得一蹦三尺高，当即就搬了个小板凳，坐在院子前，眼巴巴地望着母亲的身影渐行渐远。

直到傍晚时分，孩子一直坐在院子前等着母亲回来。眼看着天色越来越晚了，母亲还没有回来，曾子回家看到孩子，问："孩子，天都快黑了，你怎么还不回家呢？"孩子回答："我在等母亲呢，母亲说赶集回来就杀猪，给我吃肉。"曾子看看天色，说："那么，咱们先一起回家烧水磨刀吧。这样母亲一回来，咱们就可以杀猪了。"

曾子带着孩子回到家里，把锅上装满水烧着，就开始磨刀。这时，妻子回来了，纳闷地问曾子："这也不年不节的，你磨刀干嘛？"曾子说："你不是说要杀猪给孩子吃吗？"妻子哈哈大笑："哎呀，我就是哄孩子的，不然他非吵闹着要跟我去赶集，那么远，我哪能带他去啊！你怎么还当真了呢？就这么一头猪，全家人还指望着它过年呢，现在杀了，将来怎么过年？"曾子一本正经地对妻子说："你希望孩子将来成为一个不守诚信的人吗？你现在不兑现对孩子的诺言，将来孩子就不会兑现对别人的诺言。一个人失去诚信，还怎么立足呢？"妻子被曾子说得哑口无言，良久才点点头。就这样，他们一家三口齐心协力杀了猪，炖了一大锅猪肉，还给周围的邻居们送去很多香喷喷的猪肉。

在古代社会，对于普通的老百姓家庭来说，一头猪可是很重要的财产。曾子对孩子一诺千金，就因为妻子随口哄孩子要杀猪，他就真的把猪杀了，还请邻居们吃肉。看起来，曾子为了兑现诺言付出的代价很大，但是他很清楚，如果这一次对孩子撒了谎，使孩子看轻诺言，那么将来孩子成为一个失去诚信的人，则后果更为严重。每一个父母要想培养孩子诚信的品质，就一定要以身作则，为孩子树立诚信的榜样，这样才能对孩子言传身教，对孩子起到更加积极的作用。否则，如果父母总是对孩子食言，孩子就会认为诚信不重要，渐渐地，越来越不把自己说的话当回事，越来越没有诚信，也就无法在社会上立足。

要想建造万丈高楼，就要有牢固结实的地基。如果没有地基，楼也许只建筑基层就会坍塌。诚信之于人生，正像是地基之于高楼，是人生坚实的基础，决定了人生能够达到怎样的高度，实现怎样的成就，是非常重要的。作为父母，一定要从小培养孩子诚信的品质，为孩子夯实人生的基础。

计划先行，有条不紊

古人云，"凡事预则立，不预则废。"诉我们做事情必须先进行计划，制定合理的规划，才能得到良好的结果。反之，如果没有计划，只是盲目地去做，非但不能取得良好的结果，还有可能半途而废。尤其是对于孩子们而言，更是要从小养成计划先行的做事态度和做事习惯，这对于帮助孩子坚持不懈地做好很多事情非常重要，将会使孩子终身受益。计划先行，能够帮助孩子理清思路，秩序井然地把生活和学习中的很多事情都处理好。很多孩子在面对多而繁杂的事情时，往往手忙脚乱，如同面对一团乱麻一样毫无头绪，无从下手。作为父母，要教会孩子制订计划，进行自我规划，从而循序渐进地提升孩子的自我管理能力。

现实生活中，很多父母都因为孩子做事情没有头绪而感到烦恼。例如，原本就时间紧张的早晨，孩子好不容易才起床洗漱吃饭，正准备背起书包去上学，却怎么也找不到当天要在学校用的洗漱用品，而且整理书包总是丢三落四，不是丢了书包，就是忘记了铅笔盒，父母只能放下工作，充当孩子的消防员，给孩子紧急送去各种学习用品。父母在苦恼之余不由得抱怨：这生的不是孩子，而是个小马虎啊！其实，这并不完全怪孩子，而是因为父母平日里凡事都为孩子代劳，使孩子养成了依赖的习惯，自身缺乏计划性，做事情颠三倒四，不用心。没有哪个孩子从出生就很擅长做计划,能把事情做得清晰且有条理。因此,父母要有意识地培养孩子的计划性,孩子才会渐渐地形成有条有理的好习惯。

面对孩子的茫无头绪,父母不要责怪孩子。对于孩子而言,做事情缺乏条理、没有计划,是他们在特定成长阶段的正常表现。父母要做的就是引导孩子,让他们从缺乏条理到条理井然。这是需要父母耐心才能做好的事情,切勿急功近利。那么,具体来说,父母到底怎么做,才能培养孩子的计划性和条理性呢?

1. 要了解孩子缺乏计划的原因,对症下药

在儿童时期,孩子因为身心发展的限制,思维能力不强,所以做事情的确会缺乏计划,没有条理。为此,很多父母就不由分说地为孩子安排生活和学习,当看到孩子出现拖延情况时,还会尽职尽责地提醒和催促孩子。父母越是把孩子的一切安排得井井有条,不需要孩子操任何心,孩子越是会过度依赖父母,越来越不操心自己的事情。他们只需要跟着父母的安排去做就行,完全不需要自己做计划。在此过程中,父母剥夺了孩子自己做计划的机会却浑然不知,还强求孩子要在一夜之间学会计划,这怎么可能呢?只有了解这个原因,父母才能意识到孩子缺乏计划性的根源在父母身上,也才能有效地改变教育孩子的方式,多给孩子机会为自己的很多事情制定计划,趁早培养孩子的计划性。

2. 不要强求孩子听话

很多父母在教育孩子的过程中都进入了一个误区，即他们都很希望孩子特别听话，越是对父母言听计从的孩子，越是能够得到父母的赞扬。渐渐地，孩子索性放弃了自己的思想和主见，无限度顺从父母，然而，孩子最终却成长为毫无主见的人，有朝一日离开父母的身边独立生活，活得一点儿都不好，只能凑合着度过一天又一天，既没有计划，也没有理想。

作为父母，辛苦地抚育孩子，难道就想得到这样的结果吗？当然不是。每一个父母最希望看到的就是孩子能够独立自强，靠着自己创造出充实美好的人生。既然如此，就不要强求孩子听话，更不要在孩子不听话的阶段无休止地唠叨孩子。父母要认清一个现实：孩子小时候自身能力有限，会更加依赖父母，但是随着不断成长，他们越来越有主见，更想按照自己的心意做出决定，进行规划。这意味孩子的不听话是成长的表现，父母多多支持孩子，对于孩子认知错误的领域，父母可以给出中肯的建议，而不要强求孩子必须遵从父母的意见，尤其是不要对孩子唠叨不休。因为唠叨很容易引起孩子的叛逆，却不能让孩子更愿意听从父母，可谓有百害而无一利。细心的父母会发现，在父母强权的家庭里，孩子畏畏缩缩，胆小怯懦。而在父母民主的家庭里，孩子却很有主见。在离开父母的身边之后，他们非但不会不适应，还会如鱼得水。这都得益于父母对孩子的理解、支持和帮助。

3.父母也要擅长做计划,以身示范给予孩子积极的影响

言传身教中,言传固然重要,可以讲很多道理给孩子听,但是身教的作用也不可小觑。身教,就是以身示范,给孩子树立榜样,让孩子亲眼见证父母所讲述的道理是正确的。很多父母本身就缺乏计划性,做事情颠三倒四,怎么能要求孩子做事情一定要条理清晰,秩序井然呢?孩子的眼睛每天都在看着父母的一言一行,而且随着不断成长,他们的民主意识越来越强,要求平等。如果父母对于自己都做不到的事情却强烈要求孩子必须做到,那么孩子就会愤愤不平,不愿意接受父母的劝导。

日常生活中,很多事情都需要计划。父母只要多多用心,积极地制订计划,就能给孩子树立好榜样。例如,妈妈在去超市采购之前,可以列一个采购清单,把必须购买的东西都列在清单上,去了超市先购买必须购买的东西,再随机购买其他的商品,就能避免遗漏,实现完美的购物之旅。有些妈妈很粗心,去超市之前想好了一定要买什么东西,等到从超市回家之后却一拍脑门:哎呀,该买的没买,不该买的买了一大堆。看到妈妈这样的表现,孩子会作何感想呢?在学习方面,爸爸妈妈都可以以工作计划来给孩子树立榜样。例如,把工作按照轻重缓急进行排序,给每项工作都规定具体的完成时间,从而提前保质保量地完成工作,让领导满意。切勿等到领导再三打电话火急火燎地催促,才彻夜不眠地加班赶

工,这会让孩子也等到最后时刻才完成作业,还振振有词地说是和父母学的。孔子说,"己所不欲,勿施于人。"对于孩子,父母正是要做到这一点,对于自己能做到的事情,才能理直气壮地要求孩子;对于自己不能做到的事情,即使要求孩子,也会感到心虚。

4.督促孩子执行计划,让孩子切身感受到制订和执行计划的好处

计划如果不能落实,就只是一纸空文,并没有现实意义。父母一则要引导孩子制订计划,二则要督促孩子执行计划。否则孩子看着静静躺在书桌上的计划,反而会觉得制订计划纯粹是浪费时间。

督促孩子执行计划是有技巧的,最早的工作要在制订计划时就开始进行。在制订计划时,要和孩子约定完成计划的奖励和拖延执行计划的惩罚。奖罚分明,更有助于激励孩子积极主动地执行计划。此外,在计划执行过程中,父母可以陪伴孩子。例如,对于阅读计划的执行,父母切勿一边训斥让孩子阅读课外书,自己却在玩游戏、看电视,这让孩子如何能静下心来执行计划呢?对于那些可以全家总动员的计划,父母要陪伴孩子一起努力完成,这样父母才能帮助孩子坚持完成计划,并享受完成计划的丰硕成果。虽然执行计划的过程是痛苦的,但是享受丰硕成果却是快乐和满足的。当孩子真正享受到计划带来的硕果,也惊叹于充分利用时间的神奇作用,他们就会从被

动制订和执行计划,到主动制订和执行计划,真正开启计划先行、有条不紊的人生。

一日三省,自控力更强大

古希腊哲学家苏格拉底曾经说过,人如果未经自省,就不值得存在。那么,什么叫自省呢?所谓自省,就是自我反省。通过进行自我反省,一个人可以提高自身的道德修养,提升自己的思想水准。自我反省的能力绝不仅仅只是谦虚者才具备的,而是每一个人都应该拥有的内在人格智力。善于自我反省的人,大多在自我认知、自我控制和自我完善方面,始终能保持进步的姿态。孩子们正处于成长阶段,因为自我认识、知识储备和自控能力不足,常常会犯各种各样的错误,就更需要一日三省,才能积极地反思错误,有效地改正错误,坚持提升自控力,让自己变得越来越强大。

很多父母看到孩子犯错,总是不分青红皂白地批评孩子。殊不知,这样的盲目批评,会严重打击孩子的自信心,伤害孩子的自尊心,让孩子变得畏缩胆怯,不敢再尝试各种事情。古人云,金无足赤,人无完人。在这个世界上,每个人都不是完美的,都会犯各种各样的错误,孩子更是以犯错和改正的方式获得进步和成长的。对于孩子而言,犯错误不可怕,可怕的是在犯错之后不能主动反思错误，更不能积极改正错误，这样就会在错误中继续堕落下去，最终酿成严重的后果。父母要从小培养孩子主动反思的意识，让孩子养成坚持反思的好习惯，这不但有助于孩子坚持成长，也有助于孩子获得进步，对孩子的一生都是有好处的。

1. 坚持反思，意味着能够接受他人的批评

有些时候，我们无法意识到自己的错误，往往要等到他人为我们指出错误，我们才恍然大悟：原来，这件事情我做错了。有了这样的思想认知，我们才能接受他人的批评，也才能积极地反省。反之，如果听到他人的批评，我们非常生气，还会抱怨他人，那么我们是不会进步的。渐渐地，他人也就不愿意再为我们指出错误，这将导致我们在错误的道路上走得越来越远。

2. 坚持自省，意味着我们能够进行自我批评

每个人都不是一个完整的圆，都有缺失。坚持自省，积极地进行自我批评，我们才能不断地反思和改正自身的错误，也才能弥补自己的不足，修补自己的缺失。孩子如果学会自我反省，就能坚持自我完善，身心健康地快乐成长。

作为父母，在发现孩子犯错之后，切勿不由分说地指责和批评孩子。如果父母对孩子的错误反应过度，对孩子的批评过于严厉，孩子原本因为犯错产生的内疚心理就会减轻，就不会主动自省。因此，父母要掌握批评孩子的艺术，先弄清楚孩子

犯错的原因，再引导孩子主动地想一想哪里错了，这样孩子才能加深对错误的认知，在未来不再犯同样的错误。孩子的一次自省，赶得上父母的十次说教，所以父母一定要给孩子机会进行自省。

对于批评孩子的方式，父母也要用心思考，而不要一味地声色俱厉，引起孩子反感。每个孩子都希望得到表扬，而不想被批评，所以在某些特殊情况下，父母也可以采取旁敲侧击、正话反说等方式批评孩子，避免孩子反感的同时，也争取得到更好的批评效果。

3. 坚持自省，必须有正确的是非观念

一个人之所以主动改正错误，是因为他能认识到自己的错误。反过来说，一个人如果压根不能明辨是非，也不知道对错，如何自省呢？他们只会认为自己所做的一切都是正确的，而觉得别人的所作所为都是错误的。因而父母要想教会孩子自省，就要教会孩子明辨是非，三观正确。

4. 让孩子承担错误的后果，加深对错误的认知，从而主动改正错误

很多孩子都没有承担过后果，哪怕做错了事情，父母也不会批评他们。如果真的引起了严重的后果，父母就会为他们承担责任。长此以往，孩子根本不知道自己的错误行为会导致怎样严重的后果，为此他们无从确定行为的边界，行为也就越来越过激。这样长大的孩子没有责任心，缺乏自省能力，还总是

第03章
责任感，让孩子对自己和他人负责

明知故犯，或者再次犯同样的错误。无论父母如何劝说他们，他们也不以为然。很多时候，父母即使坚持不懈地教导和劝说孩子，也不能起到良好的效果，不如让孩子亲自承担责任，孩子就会深刻意识到他的行为是不对的，从而主动改正，积极避免再次犯错。例如，孩子在学校里不小心把同学的文具盒弄坏了，父母不要觉得这件事没关系，也不要代替孩子赔偿，而是要让孩子拿出自己的零花钱赔偿同学一个新的文具盒。这会加深孩子对于错误的印象，也会让孩子主动爱惜同学的东西。

总之，每个人都会犯错误，犯错误本身并不是不可饶恕的事情，而是孩子成长过程中必然经历的阶段。父母要让孩子知道，犯错误不怕，最重要的是要积极地反省错误，改正错误，也要为自己的错误承担后果。

当孩子能够坚持反省犯错的过程，积极避免错误的结果再次出现，他们的言行举止就会有很大的改观。在此过程中，父母要有足够的耐心，对孩子循循善诱，而不要声色俱厉地批评孩子，避免引起孩子的逆反心理，使孩子的错误行为变本加厉。

孩子的成长离不开父母用心的栽培，养育孩子是每一位父母都要做好的事情，也是需要每一位父母投入一生的伟大事业。父母们，从现在开始就要给孩子树立自省的好榜样，也督促孩子坚持自省吧！

珍惜时间，掌控人生

大文豪鲁迅先生说，时间是组成生命的材料，浪费别人的时间就是谋财害命。那么浪费自己的时间呢？由此类推，浪费自己的时间相当于慢性自杀，是浪费生命，是辜负生命。在这个世界上，如果说有一种东西对于每个人都是绝对公平的，那就是时间。时间不曾因为任何人而快一分，也不曾因为任何人而慢一秒。时钟滴滴答答地向前走着，片刻也不停息，不管我们是否愿意，生命就这样在时钟的针脚声中悄然流逝，一去不返。

现实生活中，我们常常会羡慕那些成功者，他们事业有成，风光无限，出类拔萃，受到人们的尊重和敬仰。但是，成功者毕竟只是少数。也有一些人生活很不如意，常常怨声载道，抱怨自己得到的太少，付出的太多，也抱怨自己没有得到命运公平的对待。不可否认，他们的确生活得很艰难，但是这又该归咎于谁呢？不管是命运还是客观的环境，都是我们无法改变的。我们羡慕成功者所获得的荣誉和光环，甚至模仿成功者的样子去做很多事情，却不能获得成功。这是因为他人的成功终究是他人的，而不是我们的。但是，我们可以学习成功者，看看成功者是如何获得成功的。最终，我们会发现每个成功者都有类似的成功因素，与此同时，他们也有一个共同点，那就是珍惜时间。

时间是生命的材料，珍惜时间就是珍惜生命，把握生命。

第03章
责任感，让孩子对自己和他人负责

遗憾的是，每个人对时间的利用效率是不同的。举个简单的例子，在同一个班级里，面对老师布置的作业，有的孩子只需要1个小时就能完成，有的孩子却需要2个多小时才能完成，还有的孩子索性没有完成，只能被老师批评。这样的现象不仅出现在孩子身上，也会出现在成年人身上。例如，在职场上，有些成年人工作效率很高，常常提前完成既定的工作量，而有些成年人工作效率低下，非要拖延到下班才能完成既定的工作量。可想而知，作为上司看到下属这样相差迥异的表现，肯定会区别对待，把升职加薪的机会都给前者，而无形中就忽略和疏远了表现平平的后者。由此可见，孩子是否懂得珍惜时间，不但会影响他们的学习效率，还会影响他们将来的工作效率，甚至影响他们的人生。

古人云，天时地利人和。告诉我们要想获得成功，需要具备很多方面的条件。现代社会，要想获得成功，更是需要付出加倍的努力，也需要长期坚持。很多人之所以追求成功而不得，是因为他们忽略了一个成功的必备要素，也是做一切事情都需要付出的成本，那就是时间。没有时间，生命就不复存在，我们什么都做不到。即使不发生这么极端的情况，仅仅错过了短暂的时间，我们也有可能因此而错失良机，眼睁睁地看着好机会从自己的眼前溜走，原本唾手可得的成功就这样渐行渐远。父母要想教会孩子珍惜时间，就要让孩子认识到时间的重要性，学会合理地安排时间，从而实现时间的最大效用，创造时间的最大价值，让生命在时间的流逝中绽放精彩。也可以说，一个人如果能够掌控时间，就不会虚度人生，一个人如果总是被时间追赶着向前跑，就会成为时间的奴隶，人生就会很仓皇。教会孩子珍惜时间，需要做到以下几点。

1. 培养孩子的时间观念，让孩子形成时间意识

很多父母都发现，孩子似乎对于时间的流逝反应很迟钝，有的时候父母急得如同热锅上的蚂蚁，孩子却气定神闲，一点儿都不着急。尤其是在一年级初入学校时，很多孩子都会在下课时玩得忘乎所以，一直到上课铃响了，他们才急急忙忙往教室里跑去。这是因为孩子们没有时间观点，也没有形成时间意识，所以对于时间的流逝感觉迟钝。培养孩子的时间观念，父母可以借助于很多道具。例如，在家中显眼的地方挂一个时钟，再如准备闹钟给孩子完成作业定时用，也可以准备沙漏让孩子在规定时间里洗漱。必要的时候，还可以给孩子准备一块手表，让孩子在学校里课间计时用。当孩子坚持观察时间，渐渐地就会相对准确地感知到5分钟、10分钟有多久，从而更好地遵守时间。

2. 父母要珍惜时间，给孩子树立榜样

很多父母本身就没有时间观念，做事情磨蹭拖延，晚上熬夜不睡觉，早晨懒惰不起床，孩子有样学样，可想而知孩子将会是什么样子。

有人说，父母是孩子的第一任老师，也有人说，孩子是父

母的镜子。父母在看到孩子没有时间观念，缺乏时间意识的时候，先不要急着批评和否定孩子，而是要想一想问题是否出在自己身上。毕竟孩子从出生就和父母生活在一起，每天朝夕相处，父母给孩子的影响最大。

有人说，每个人在成为父母之前都是非常自由的，不管是说话还是做事情，只需要对自己负责。但是在成为父母之后，一言一行都要考虑到对孩子的影响，这样才是真正对孩子负责。例如，父母要想让孩子坚持规律作息，自己首先要按时起床睡觉，才能让整个家庭都保持规律作息。再如，父母要想让孩子珍惜时间，自己首先要争分夺秒地利用时间，而不要凡事拖延，给孩子造成负面影响。

3. 引导孩子按照轻重缓急对事情进行区分，从而合理地安排时间

父母可以教孩子使用竺可桢统筹安排时间的方法，把很多事情交叉进行，提升对时间的利用率。孩子的学习能力很强，如果父母坚持通过各种方式引导孩子充分利用时间，孩子对于时间的掌控一定会表现更好。

4. 让孩子承担浪费时间的后果

众所周知，时间一去不返，不管是对于年迈的老人，还是对于如日初升的孩子，时间都只会越来越少，而不会增多一分一秒。很多父母看到孩子磨蹭拖延，浪费时间，总是会催促孩子。殊不知，随着不断成长，孩子的自我意识越来越强，叛逆

心理也逐渐增强。父母总是催促孩子，只会激起孩子的逆反心理，使孩子的拖延变本加厉。明智的父母会以事实教育孩子，让孩子承担浪费时间的后果，这样会对孩子起到更好的教育效果。

每天放学回家，张伟写作业都是老大难。虽然他3点半就放学到家了，但是回到家里总是喊饿，要求吃点儿水果点心，还要喝牛奶。吃饱喝足之后，他还要休息。有的时候，他还会下楼和小伙伴们玩一玩，直到天黑了才回家吃饭，然后磨磨蹭蹭地开始写作业。就这样，原本一个半小时就能完成的作业，张伟直到晚上9点半前后才能完成，每天都要10点钟之后才睡觉。

为了催促张伟写作业，家里每天晚上都会上演一场大戏，戏的主题有妈妈的河东狮吼，有爸爸的武力威慑，也有张伟的歇斯底里。但是，不管是什么主题，结果都相差无几，一直要到9点半前后，张伟才能心不甘情不愿地完成作业。有一天晚上，妈妈和张伟唇枪舌战之后，捂着胸口对爸爸说："继续这样下去，我气也被气死，咱们必须想想其他办法了。"爸爸灵机一动："我记得你有个大学同学是学习儿童心理学的，要不咨询咨询她？"妈妈高兴极了："是啊，我怎么把她忘记了呢！我现在就打电话。"咨询之后，妈妈眉开眼笑地告诉爸爸："取到了真经，说不定就能掌握杀手锏。"爸爸迫不及待想要知道妈妈的妙招，妈妈却卖起了关子，让爸爸静观其变。

次日晚上，家里风平浪静，其乐融融。虽然张伟和往常一样磨蹭拖延，但是妈妈却始终面带微笑，非但没有催促张伟，还给张伟做了最爱吃的松鼠鱼。直到晚上9点半，张伟还在慢悠悠地写作业，妈妈严肃地对张伟说："张伟同学，该睡觉了。"张伟很排斥："但是我作业还没有写完呢，我还需要半个小时就能写完。"妈妈摇摇头，态度坚定地说："不行，以前每天都是写到9点半，所以今天也是9点半。但是，小学生的作业没有那么多，不需从放学3点半写6个小时到9点半，所以我现在就提前通知你一下，以后每天放学第一时间就开始写作业，从3点半到6点开饭，中间有两个半小时，足够你完成作业。如果6点吃饭的时候没有完成作业，对不起，晚上不允许再写作业了。完成作业后，吃晚饭，从7点到9点，你可以做想做的事情，例如，看书、画画等，不过在工作日不许玩电脑游戏。你还可以看一集诸如《我爱发明》《人与自然》之类的科普节目。9点洗漱，9点半睡觉。"张伟惊讶地听妈妈说着，哭丧着脸说："但是，我作业还没写完呢！"妈妈安慰张伟："没关系，作业写不完，顶多被老师批评一下，偶尔被批评不会很尴尬的。但是，明天的时间我已经告诉你了，一会儿再打印一张表格给你，以后你可要安排好时间啊！"

在妈妈的坚持下，张伟只得洗漱睡觉，次日清晨他早早起床，早早到校，就是为了去学校补作业。当天晚上，张伟又开始拖延，这一次妈妈提出了补充规定："如果到6点钟作业没有完成，次日早晨不许早于正常时间起床补作业。"听到妈妈的话，张伟赶紧埋头，火速完成了作业。此后，张伟拖延的情况大大好转，还主动要求妈妈为他购买一个闹钟放在书桌上，一边写作业一边盯着闹钟上的时间呢！

为何爸爸妈妈想方设法督促张伟写作业，张伟都没有着急，现在却着急了呢？究其原因，爸爸妈妈此前把自己的位置放错了，误以为张伟如果不完成作业，被老师批评，他们就很丢脸。正是这种潜意识的胆怯，使爸爸妈妈与张伟之间出现了皇帝不急太监急的情况。幸好在儿童心理学专家的指导下，妈妈这才领悟到是时候该让张伟为不能按时完成作业付出代价了。果然，张伟在9点半被终止写作业后，当即开始担心。妈妈没有放松对张伟的督促，又继续提出了新规定，即不允许早起补作业。这样一来，就彻底禁止张伟采取任何补救措施，逼着张伟只能放学之后尽快完成作业，这个方法效果非常好。

时间是做一切事情的成本，如果没有时间，那么即使具备再多的条件，也无法做成事情，更不可能获得成功。父母只有教会孩子珍惜时间，节省时间，帮助孩子养成争分夺秒利用时间的好习惯，孩子将来才能成为时间的主宰，也能真正地掌控和驾驭人生。

帮助孩子戒掉拖延症

每当看到孩子做事情拖拖拉拉，父母就会很着急，一句话还没说完呢，就抬高嗓门冲着孩子大喊大叫，有些性急的父母

第03章
责任感，让孩子对自己和他人负责

还会打骂孩子。这些方式都很简单粗暴，也许在当时的确震慑了孩子，但是从长远来看，并不能产生好的作用。因为这些方式都是治标不治本的，是靠着恐吓孩子来催促孩子，等到父母头顶上的那团火消失了，孩子不再担心会遭到父母的打骂了，他们的动作马上又会慢下来。那么，有没有切实有效的方法能够帮助孩子们戒掉拖延症呢？当然有，前提是父母要了解孩子的心理状态，找到孩子拖延的症结，才能有针对性地帮助孩子战胜拖延。

心理学家指出，孩子的心理节奏本来就比成人慢一些，也有些孩子因为是慢性子，所以说话和行动都比较慢。对于生理原因导致的慢，父母不要过于催促孩子，否则就会打乱孩子的节奏，让孩子无所适从。有些父母看到孩子说话慢，就代替孩子说；看到孩子做事情慢，就代替孩子做。看起来，这的确以最快的速度解决了问题，却会让孩子的思维和动作都很不连贯，轻则导致孩子说话结巴，重则影响孩子的智力发育。父母对孩子要有足够的耐心，要给孩子时间去思考，给孩子空间去行动。

除了生理原因外，孩子拖延还有很多原因。例如，有的孩子是因为害怕做不好，所以迟迟不敢去做；有的孩子是因为畏惧困难，不敢主动尝试；有的孩子做事情不够专注，哪怕已经开始行动了，也依然会三心二意，无形中就浪费了大量时间；还有的孩子是因为缺乏时间观念，感觉不到时间的流逝，自然也就不会着急等。孩子拖延的原因有很多，父母要想有效地帮助孩子戒掉拖延，就要找准原因，有的放矢，对症下药。

刘凯今年9岁，是个听话懂事的好孩子，唯一不好的地方就是，他特别磨蹭，特别爱拖延。不管做什么事情，他都不能在规定时间内完成，总是要磨蹭到最后时刻，才能被催促着交差。刘凯正在读小学三年级，是班级里出了名的迟到大王。每天早晨，老师都已经开始上早读课了，刘凯才站到教室门口。被老师批评的次数多了，刘凯越来越不在乎，老师呢，也不想继续批评刘凯了。其实，刘凯早晨起床并不晚，他只是做什么事情都慢，才会起了个大早，赶了个晚集。

除了没有时间观念之外，刘凯还很胆小。他常常感到害怕，对于没有十成把握的事情，他总是拖着不愿去做。有一次，老师推荐刘凯参加作文比赛，刘凯很迟疑，说要考虑一下。结果好几天过去，刘凯都没有给老师回信，老师只好联系了刘凯的妈妈，这才知道刘凯是因为害怕不能取得名次，才拖延着不愿意接受这个光荣的任务。后来，老师和妈妈一起鼓励刘凯，他终于下定决心参加作文比赛，还获得了三等奖。

刘凯的拖延症很严重，是因为他不但很拖沓，没有时间观念，而且还很胆小，对于没有把握的事情不敢去做。刘凯才9岁，思虑过重显然阻挡了他前进的脚步。对于因为胆小引起的拖延，父母要多多鼓励孩子，多多支持孩子，也可以把最坏的结果告诉孩子，让孩子做好接受最坏结果的准备，这样才能大

第 03 章
责任感，让孩子对自己和他人负责

胆地去做，挑战自我，突破自我。

父母只有针对孩子拖延的具体原因给出解决问题的方法，才能更有效地帮助孩子戒掉拖延。细心的父母会发现一个有趣的现象，即孩子对于自己喜欢做的事情，总是很积极主动地去做，生怕落后，而对于自己不感兴趣的事情，就推三阻四，故意浪费时间。那么，父母可以用孩子感兴趣的事情作为诱饵，督促孩子做完手中不喜欢的事情，接下来就可以做喜欢的事情。例如，孩子喜欢听故事，却不喜欢洗澡，那么妈妈可以不催促孩子洗澡，而是对孩子说："讲故事的时间要到了，你准备好了吗？要把自己洗得干干净净，躺在被窝里等着我哦！"妈妈这么说，孩子不会排斥洗澡，反而会抓紧时间洗完澡，迎接亲子故事时光的到来了。在使用这个方法的时候，父母一定要做到信守承诺，兑现诺言，而不要在用感兴趣的事情诱惑孩子之后又食言，否则孩子以后再也不会相信父母的话了，这个方法也就会彻底失灵。

当发现孩子做事情三心二意，不能保持专注时，父母要培养孩子的专注力，从而帮助孩子提高效率。有些父母并没有意识到专注力对孩子的重要性，他们常常在不经意间打断正在专注地做着某件事情的孩子，例如，孩子正在看书，父母却催促孩子吃饭；孩子正在写作业，父母却催促孩子洗澡。当然，父母让孩子做这些事情并没有错，只是选择了错误的时间。相比起吃饭、洗澡这些日常的小事情，专注力对孩子而言更加重要。

专注的孩子做事情会集中所有的注意力,效率更高。反之,如果他们总是三心二意,心不在焉,非但无法把事情做好,还会影响效率!

除了寻找原因,对症下药之外,父母还要有意识地训练孩子的速度。孩子并非天生就很快速,相反,孩子还会经历一个由慢到快的发展过程。那么,父母既要鼓励孩子加快速度,也要督促孩子进行训练,加快速度。例如,可以给孩子限定时间,让孩子在规定时间内完成一定的任务量。

再如,如果孩子对于一些动作掌握得不够熟练,那么就多给孩子一些机会进行锻炼。例如,有些小孩子不会穿衣服,那么父母一开始要有耐心,给孩子机会自己穿衣服,切勿总是代劳;有些小孩子吃饭总是把饭菜弄在桌子上,父母可以让孩子多多练习自己吃饭等。等到进入学校,孩子们每天又面临着写作业、收拾书包等任务,父母不要代替孩子去做,而是要让孩子亲自去做。

除了对孩子进行训练之外,父母还应该帮助孩子戒掉坏习惯,养成好习惯。例如,有些幼儿喜欢边看电视边吃饭或者边玩边吃饭,导致吃一顿饭要花费一个多小时,非但不利于身体健康,还养成了拖延的坏习惯。拖延,也是一种坏习惯,需要戒除。而纯粹地戒掉拖延是很难的,在戒除拖延的同时,父母要引导孩子养成好习惯。这样一来,坏习惯就会无处遁形。

给孩子独立自主的权利

孩子总要学着长大，总要离开父母的庇护，独立面对人生。偏偏在孩子成长的过程中，很多父母都一厢情愿地停留在孩子小时候的状态，在他们心中，孩子永远都是需要保护和照顾的孱弱生命，永远都是他们的心肝宝贝，理应对他们言听计从。的确，在孩子小时候，他们完全依赖父母生存，父母不管说什么，他们都会无条件服从。然而，从2岁开始，孩子的心理有了微妙的变化。2~3岁，是孩子人生中的第一个叛逆期，也叫宝宝叛逆期。宝宝叛逆期起源于孩子自我意识的觉醒。在2岁之前，孩子误以为自己与外部世界是一体的，而在2岁之后，孩子有了"我"的意识，把自己与外部世界分开，从此之后，踏上了叛逆的人生旅程。两岁孩子最爱说的就是"我的，我的""不，不"。他们一方面在强调自我的概念，一方面在拒绝外界的命令。

7~9岁，孩子进入人生中的第二个叛逆期，成长叛逆期。12~18岁，孩子进入人生中最重要也是最漫长的叛逆期，即青春期。随着一个个叛逆期接踵而至，孩子们与父母之间原本和谐融洽的关系变得越来越紧张，这是因为孩子们的自我意识觉醒，越来越有主见，所以与父母之间开始发生分歧。要想缓解叛逆期的各种矛盾和争执，父母要跟上孩子成长的脚步，意识到孩子有主见正是长大的标志，要给予孩子独立自主的权利。

父母要尊重孩子，真正平等对待孩子，为孩子营造民主和谐的家庭氛围，真正把孩子当成家里的小主人，给予孩子参与家庭事务、发表意见的机会。也许在最开始的时候，孩子所说的话并不是很有道理，表现也没有那么好，但是随着时间的流逝，练习的次数越来越多，孩子的表现会越来越好。父母要给孩子时间去成长，也要相信孩子的能力一定会与日俱增。

高中分科的时候，张卓想学文科，爸爸却坚持认为学理科更好，为此他和妈妈统一战线，想方设法地说服张卓，让他报了理科。然而，张卓还是不喜欢理科，虽然他在高考中如爸爸所愿，考上了一所以理科闻名的大学，也学了爸爸当年想学的金融专业，但是张卓一点儿也不开心。

大学毕业后，张卓进入银行工作，每天和各种各样的客户打交道，他感到很疲惫。1年多之后，张卓开始在网络上写小说。他每天都坚持更新，渐渐地吸引了很多读者，越来越有名气。后来，有一位导演看中了张卓的小说，想要把小说搬上荧幕，还请张卓当编剧。张卓利用业余时间改编小说，还要兼顾工作，越来越觉得力不从心。最终，他下定决心辞掉了银行的工作，成为了一名小说家和编剧。

如果高中分科时，张卓能坚持自己的理想，或者父母不那么请求张卓，那么张卓现在也许已经在文学的道路上走了很远。幸运的是，张卓虽然绕了一个大圈，但最终还是回到了自己梦想的人生道路上。作为父母，一定要认清一个事实，即孩

第03章
责任感，让孩子对自己和他人负责

子虽然因父母才来到这个世界上，但是他们既不是父母的私有物，也不是父母的附属品，他们是独立的生命个体，理应有自己的主见，有自己的思想，也有自己的人生。

父母与孩子是两代人，很容易发生分歧。随着孩子不断成长，父母要学会尊重孩子，也要给予孩子独立自主的权利。对于所有的生命而言，选择都是必不可少的人生经历。也许孩子因为经验的缺乏和知识的局限，并不能做出明智理性的选择，但是他们在选择错误之后却会得到一次机会锻炼自己。在一次又一次锻炼的过程中，他们从犹豫不决到坚定勇敢，他们不断地成长，持续地进步，人生的表现越来越好。每一个独立自主的孩子，都从父母的尊重中得到了信心，都从父母所给的爱与自由中得到了成长的契机。

为了孩子能够健康成长，父母一定要学会"适当放手"，对于很多事情都应让孩子独立做决定。当然，世界上并没有绝对的自由，父母可以给孩子限定一个框架，规定孩子可以做哪些事情、不能做哪些事情，这样一来孩子就可以在框架范围内自由地活动，大胆地尝试。随着孩子的成长，父母还应该把这个框架放大，从而给予孩子更多的时间和空间。具体而言，父母要做到以下几点。首先，和孩子有关的事情，父母切勿代替孩子做出决定，即使不能按照孩子的意愿去办理，至少也要征求孩子的意见。其次，给孩子提供一些选项，让孩子做出选择。这样一来，孩子可以在父母允许的范围内做出选择，既不

· 069 ·

会遭到父母的反对,也能感受到父母的尊重,从而变得越来越有信心。再次,把最坏的结果告诉孩子,让孩子判断他是否能够承担最糟糕的后果,如果孩子义无反顾,那么在孩子信念坚决的情况下,就可以给孩子机会去尝试,也许在亲自撞了南墙之后,孩子就会主动反思,主动调整策略,做出更为理性的决定。总之,孩子的人生是属于孩子的,父母固然可以陪伴孩子一程,却不可能陪伴孩子一生。早些培养孩子独立自主的能力,让孩子有能力面对和应对人生,是对孩子负责任的表现,也是对孩子真正深沉的爱。

第 04 章

意志力，让孩子成为真正的强者

意志力指的是一个人为了实现既定的目标，采取相应的行动，而且哪怕在行动过程中遇到各种各样的困难，也绝不放弃，始终督促自己战胜千难万险，想方设法实现目标的游戏品质。意志力对人的行为影响很大，意志力顽强的人能够成为人生的强者，创造充实精彩的生命；意志力薄弱的人遇到小小的困难就会放弃，根本不能担负重任。父母要注重培养孩子的意志力，让孩子成为真正的强者，拥有与众不同的人生。

坚持梦想，勇攀高峰

很多成人都羡慕孩子，因为孩子无所畏惧，不怕失败，也不在乎他人的目光。孩子们往往都拥有各种美好的梦想，他们不会害怕说出自己的梦想，也从不担心自己的梦想不能实现。是因为他们相信自己会为了实现梦想而不顾一切，不达目的誓不罢休。毋庸置疑的是，树立梦想很容易，实现梦想却很难。在通往梦想的道路上，有多少人还没有起步就已经退却，有多少人还没有到达中途就已经放弃，又有多少人距离梦想只有一步之遥，却黯然离场。实现梦想的道路充满了坎坷与挫折，一个人必须拥有强大的自控力和意志力，才能始终督促自己坚持努力，不懈前行，最终抵达成功的彼岸。

遗憾的是，随着不断成长，孩子身上特有的那些潜质都渐渐地消失了。孩子们虽然学习到更多的知识，也有了更多的人生阅历，积累了更多的人生经验，但是他们很快就被社会环境所改变。在世俗之中，他们从不怕失败到畏惧失败，从不在乎他人的目光到如履薄冰，他们活得越来越符合社会和他人的要求，却唯独不像自己。面对挫折，他们学会了放弃，面对梦想，他们选择对现实妥协。不得不说，孩子们越是符合世俗的要求，就越是会无限度对现实妥协，也就会距离自己的梦想越

第 04 章
意志力，让孩子成为真正的强者

来越远。

曾几何时，孩子们的梦想五花八门，千奇百怪。他们的有些梦想，是父母不曾想到的，也是他人从未有过的。面对孩子的梦想，父母切勿嘲讽，更不要打击和否定。不管孩子的梦想是朴实还是璀璨，父母都要给予孩子以信任和支持。儿童心理学家认为，梦想对于孩子而言具有重要的意义，因为其能够表现出孩子对自我的认知和期望，也是孩子对自我形象的规划。每个人都有梦想，每个人要想实现梦想都要付出艰苦卓绝的努力。在追求梦想的道路上，没有人能够一帆风顺，而是要经历重重磨难与考验，不断地磨炼自己的意志，增强自己的精神，无论是谁，要想实现自己心中的梦想，就要付出努力。通往梦想的道路漫长而又曲折，还隐藏着很多不可预见的磨难，孩子们必须执着追求，才能战胜一切的坎坷与挫折，坚持到最后一刻实现自己的瑰丽之梦。成功，未必只属于强者，有很多人之所以能够获得成功，是因为他们始终坚持梦想不放弃，始终前行不停滞，始终努力不懈怠。

1925年，在德国的维尔西英镇，一个13岁的少年闯祸了。他突发奇想，把很多烟花绑在滑板车后面，然后自己站在滑板车上点燃了导火线。结果可想而知，随着烟花被点燃，滑板车就像火箭一样被推送出去，少年失去平衡，摔在地上。爆炸声还惊动了警察，警察把少年带到警察局进行训诫，责令少年以后不许做出这么危险的举动。

谁都不知道，少年做出这样的举动并不是因为一时冲动，而是酝酿良久。少年名叫布劳斯，从小就对天文学表现出浓郁的兴趣，还喜欢研究火箭。为了实现梦想，布劳斯始终坚持进行实验，包括这次险些引发严重后果的爆炸实验。在这次实验中，布劳斯险些受到重伤，还遭到了警察的训诫，但是这并没有打消他飞天的念头。初次尝到了"飞"的滋味，布劳斯更加受到鼓舞，决定再接再厉，继续实验。

转眼之间，小小少年已经大学毕业了，布劳斯考取了飞机驾驶执照，进入了佩内明德大型火箭实验基地，进行技术研发工作，负责研制火箭。在他的努力下，德国于1937年成功造出A系列火箭和V-2火箭。第二次世界大战结束，布劳斯来到美国继续研制火箭。美国的第一颗人造卫星，就是搭乘布劳斯率领团队研制出的丘比特火箭升入太空的。布劳斯已经实现了自己的梦想，这是因为在漫长的人生历程中，他从未遗忘更未放弃过梦想。

古今中外，很多科学家都怀揣着梦想，也靠着坚韧不拔的意志力走完了梦想之路，最终实现了梦想。在教育孩子的过程中，父母一定不要忽视孩子的梦想，而是要鼓励孩子始终坚持梦想，全力以赴地实现梦想。具体来说，父母要对孩子进行梦想的启蒙需做到以下几点。

1. 和孩子谈论梦想

在很多普通的家庭里，没有人会说起梦想，这是因为父母已经完全遗忘了自己小时候的梦想，并对孩子的梦想嗤之以鼻。不得不说，这是很糟糕的梦想启蒙。一个没有梦想的孩子，精神世界必然是荒芜和贫瘠的，梦想不但是人生的目标，也是人生的养分。父母既可以和孩子聊起自己曾经的梦想，说说自己在实现梦想的过程中经历了什么，感悟了什么，也可以问问孩子的梦想是什么，对孩子进行适度的引导。

2. 要支持孩子的梦想，鼓励孩子努力实现梦想

追梦人是很辛苦的，要想实现梦想，需要有强大的精神，也需要付出长期的坚持和努力。当孩子致力于追求梦想时，父母一定要大力支持，切勿对孩子冷嘲热讽，更不要给孩子泼冷水。父母要力所能及地为孩子提供帮助，例如，和孩子一起分析实现梦想需要具备哪些条件，陪着孩子一起努力，和孩子进行思想沟通，探寻人生的价值和意义。在追求梦想的道路上，父母应该成为孩子的同行者，始终陪伴在孩子身边，给予孩子精神上和物质上的全力支持。

3. 父母引导孩子崇拜偶像，帮助孩子树立梦想

很多孩子都喜欢追星，大多数孩子在追明星忽略了那些更值得学习的对象。父母要引导孩子追真正的"星"，如为人类做出贡献的科学家。在2020年春节之际，我国暴发了新型冠状病毒疫情，已经84岁高龄的钟南山院士挂帅出征，最美逆行，成为了全民明星。如果孩子能够以钟南山院士为榜样，立志成为像他那样的人，那么孩子一定会更加发奋读书，树立正确的

人生观、价值观与世界观，将来有所成就。

当然，每个人身上都会有闪光点。即使孩子喜欢娱乐圈里的明星，父母也可以鼓励孩子发现明星身上的闪光点。例如，有些明星是学霸，有些明星是公益人士。古人云："三人行，必有我师。"只要孩子能从明星身上学习积极正向的力量，就能受到好的影响。作为父母，除了要挖掘孩子的偶像有哪些闪光点外，还要多多挖掘孩子身上的闪光点。有些父母因为孩子学习表现不好，就对孩子百般打击，根本不注意保护孩子的积极性。例如，孩子立志要当老师，父母会说"你当学生都当不好，怎么当老师"；孩子想当科学家，父母会说"你见过哪个科学家经常不完成作业的"；孩子想当船员，父母会说"你坐车都晕车，怎么能去海上呢"……在父母不假思索的打击中，孩子的自尊心被打击得体无完肤，孩子也会彻底失去自信，不再努力，自暴自弃。

4. 父母要积极回应孩子的奇思妙想

在如今的时代里，社会发展非常快，整个世界都处于日新月异的变化之中。很多在今天看来难以置信的事情，在未来就会变成现实，所以如果孩子说出一些超前的梦想，父母切勿打击孩子，更不要嘲笑孩子，而是要鼓励孩子努力学习，争取早日实现梦想。

1969年7月20日，美国宇航员阿姆斯特朗完成了登月旅行，成为了举世闻名的大人物。这是人类历史上第一次载人登月，

第04章
意志力，让孩子成为真正的强者

对于全人类而言都具有划时代的意义。那么，"阿波罗"号为何能够得到这样千载难逢的机会，同时圆满地完成登月任务呢？这要从阿姆斯特朗小时候的梦想开始说起。

6岁那年，阿姆斯特朗第一次乘坐飞机。从此之后，他梦想着能够再次飞上天空，甚至飞到地球以外的宇宙去看一看。有一天，妈妈正在厨房里做饭，阿姆斯特朗独自在院子里玩耍。突然，妈妈听到阿姆斯特朗发出奇怪的声音，赶紧看向院子，发现阿姆斯特朗正在院子里上蹿下跳，蹦来蹦去，因而关切地问："阿姆斯特朗，你在做什么呢？"小阿姆斯特朗回答："妈妈，我想跳到月亮上去！"听到阿姆斯特朗天真的想法，妈妈开心地说："啊，这件事情非常了不起，但是你要记得按时回家吃饭哦！"正是妈妈的鼓励，让阿姆斯特朗始终坚持飞天的梦想，也最终搭乘"阿波罗"号实现了飞天的梦想，被载入人类的史册。

孩子的想象力是非常丰富的，他们常常会超出父母的预期，说出一些让父母感到震惊的梦想。每当这时，父母不要责怪孩子。当父母发现了孩子有与众不同的思维想法时，切勿轻易否定孩子，而是要耐心倾听孩子的心声，还要想方设法激励孩子追求梦想。

每个人都有属于自己的人生，而每个人的人生巅峰，就在实现梦想的那一刻。父母要成为孩子梦想的缔造者、守护者，并且参与孩子实现梦想的过程，见证孩子人生的辉煌。尤其是当孩子沮丧绝望时,父母要引领孩子走出绝望的泥沼,和孩子一起创造生命的奇迹!

鼓足勇气,人生畅行无阻

作为父母,最喜欢看到孩子英勇无畏的样子。然而,有些孩子偏偏特别胆小怯懦,不但害怕黑暗,害怕怪物,还害怕面对陌生人。哪怕有爸爸妈妈陪伴在身边,他们也无法鼓起勇气面对已知和未知的一切。每当孩子当众畏缩时,父母总是觉得很尴尬,甚至觉得有些丢脸。他们不知道孩子为何如此胆小,仿佛天生就缺乏勇气。实际上,恐惧是上古情绪,每个人都会感到恐惧,包括成人,也包括孩子。那些看似大胆的人,是因为有了勇气,才能面对人生中的一切艰难坎坷,也才能面对人生中不期而至的各种灾难和打击。

那么,何为勇气呢?从本质上来说,勇气是一种能力。越是在面对困难、危险、挑战等不确定因素时,人们越是能够激发内心的勇气,无所畏惧地战胜一切。对于缺乏勇气的人,他们则会失去对于自我的控制,甚至在面临各种危险时,临阵逃脱。虽然说恐惧是每个人都会有的情绪,但是当恐惧达到一定的程度,就会影响人们正常的言行表现,甚至使人把事情搞砸,无法收场。那么就让我们来追根溯源,分析导致恐惧产生的各种原因，从而有效地消除恐惧。

心理学家经过研究发现，每个人天生就会感到恐惧，而且一定程度的恐惧能够保护人们不受伤害。例如，才几个月的婴儿在发现前面是悬崖的时候，就不敢继续往前爬行了，这是婴儿对危险产生的警觉；再如，婴儿听到外界传来奇怪的声音时，会明显感到害怕。由此可以证明，人天生就会感到恐惧。如果说天生的恐惧是为了帮助人们避开危险，那么后天形成的恐惧则会给人们带来很大的困扰。父母该如何帮助孩子克服恐惧心理呢？

1.父母不要过度保护孩子，更不要过多限制孩子

后天的恐惧之所以产生，是因为未知。细心的父母会发现，孩子对于未知的事物很害怕。例如，如果父母从来不给孩子吃冰激凌，而且告诉孩子吃冰激凌会导致变傻，那么孩子即使长大一些，也不敢尝试吃冰激凌。要想开发孩子的智力，丰富孩子的人生经验，父母就要让孩子多多尝试新鲜事物，而不要总是限制孩子。此外，当孩子表现出对一些事情的好奇时，父母要鼓励孩子去探索真相，而不要因为担心孩子会受伤，就剥夺孩子认知和感受世界的机会。父母的过度保护，常常会导致孩子畏手畏脚，一旦离开父母的身边，他们更是会非常胆怯。

明智的父母知道，父母不可能始终陪伴在孩子身边，更不可能一直有能力保护孩子。随着孩子的成长，他们会渐渐地放开孩子，给孩子更为广阔的自由空间勇敢尝试。例如，去超市

里购物时，父母可以让孩子把装入袋子里的散装食品或者生鲜水果等，送到称重台处称重。在买好所有的东西准备结算时，父母还可以让孩子推着装满商品的购物车排队。在日常生活中，如果需要向陌生人问路或者求助，父母也可以鼓励孩子与陌生人沟通。这些看似都是生活中不起眼的小事情，如果父母有意识地锻炼孩子，那么孩子就会越来越勇敢。

2. 让孩子学会独立面对困难

每当遇到沉重打击的时候，父母不要不由分说地就保护孩子，而是要给孩子留出时间独立面对困难。也许孩子最终无法凭着自身的能力战胜困难，解决问题，但是在为了解决问题而努力思考的过程中，他们会调动起所有的脑细胞，积极地进行思考，也会对自身各方面的能力和条件进行衡量，从而判断自己能把事情处理到什么程度。在此过程中，他们还会理性分析，合理取舍，从缺乏勇气到渐渐地鼓起勇气面对难题，这就是孩子的成长。有勇气的孩子面对人生的各种困境，始终都能勇敢无畏；反之，缺乏勇气的孩子哪怕身处顺境，只要有小小的不如意就会打起退堂鼓。而人生注定是不会一帆风顺的，每个人都要面对生活中的风雨和泥泞，充满勇气的孩子才能坚定不移走好属于自己的人生道路。

3. 父母以身示范，为孩子树立好榜样

父母已经人到中年，既感受到了人生的艰难，也感受到了自身的力量是有限的。尤其是在上有老下有小的阶段，父母更是感到肩膀上的担子沉甸甸的。在这种情况下，如果遭遇突如其来的打击或者是磨难，人到中年的无力感特别强烈，一直坚强的父母也会感到万分疲惫。为了避免给孩子带来消极影响，不管在什么情况下，父母都不要当着孩子的面表现出脆弱的一面。父母是孩子的第一任老师，也是孩子最信任的人。孩子在做很多事情的时候，都会想到父母面对同样的情况是作何反应的。因此父母不要当着孩子的面说灰心丧气的话，否则就会在不知不觉间影响孩子，使孩子也变得很消极。

在家庭教育中，父母身教的作用远远大于言传的作用，因而一定要谨言慎行。父母要为孩子营造民主且积极的家庭氛围，这样孩子才能形成坚强乐观的正向思维，也才会坚信"兵来将挡，水来土掩"，遇到事情勇敢面对。

4. 父母要陪伴孩子一起练习胆量

对于孩子害怕的事物，一味地逃避并不能让恐惧削减，父母要做的是帮助孩子认识和了解他们所害怕的事物，这类似于心理学中的脱敏疗法，就是正面面对，战胜恐惧。例如，孩子怕黑，那么父母可以和孩子一起走入黑暗之中，正视黑暗中并没有隐藏着未知的可怕事物。还可以打开灯，让孩子看看黑暗里到底有什么。当孩子意识到黑暗里并没有让他们恐惧的事物，也没有什么可怕的东西之后，孩子就再也不怕黑暗了。此外，父母还可以带着孩子参加挑战性的活动。胆子是越练越大，而越怕越小的。看到孩子胆小，父母最应该做的不是保护孩子，而是应在安抚孩子的情绪之后，带着孩子一起去挑战。例如，孩子爬高，只要不是恐高症，那么父母可以陪着孩子去游乐场做摩天轮，还可以带着孩子一起去楼顶的露台上吹吹风。如果父母始终都禁止孩子挑战，那么孩子的胆子一定会越来越小，勇气也会渐渐消失，意志力更会被削弱。很多事情都可以培养和锻炼孩子的勇气，例如，登山可以让孩子不怕苦不怕累坚持到最后，划船可以帮助孩子战胜对水的恐惧，游泳可以让孩子在水中自由地游来游去，与陌生人搭讪可以改善孩子认生害羞的表现，等等。

在此过程中需要注意的是，如果孩子非常排斥和抵触父母带着他们进行的各项活动，那么父母要尊重孩子，不要强迫孩子必须按照父母所说的去做，而是要了解孩子的真实想法，也可以尝试着用孩子喜欢的方式陪着孩子战胜恐惧。比如，有些孩子特别爱听童话故事，那么父母可以用讲故事的方式给孩子讲道理，也可以为孩子营造美好的童话世界帮助孩子消除恐惧。再如，孩子从小怕水，现在却要学习游泳，那么父母不要简单粗暴地把孩子扔到水里，而是要经常带孩子去水上乐园玩，先消除孩子对于水的恐惧，再循序渐进地教会孩子游泳，这样能够在不知不觉间让孩子爱上水，自然就不会再恐惧水。

每个孩子的脾气秉性各不相同，俗话说，知子莫若母，知子莫若父。父母从小抚养孩子长大，是这个世界上最了解孩子的人，那么在培养孩子的勇气时，切勿忽略了孩子这个最重要的主体。不管采取哪种方式帮助孩子锻炼胆量,也不管采取什么方法助力孩子增强勇气,都要坚持以孩子为本,根据对孩子的了解采取最为适宜的方式,这样才能事半功倍。

坚强,是战胜挫折必备的素质

孩子处于人生中特殊的成长阶段,因为身心发展的限制,他们意志薄弱,忍耐力比较差,做事情也不够专注,总是三心二意,半途而废。尤其是在受到打击或者遭遇失败的情况下,他们更是会陷入情绪的低谷,变得失望沮丧甚至绝望,由此轻而易举地放弃,彻底陷入失败的深渊。每当看到孩子不堪一击,作为父母总是非常着急,不知道怎么做才能帮助孩子更加坚强。父母们都很清楚,人生的道路漫长而且状况百出,如果孩子不能坚强以对,常常缴械投降,就不可能拥有充实精彩的人生。所以作为父母,一定要有意识地培养孩子坚强的品质,在各种艰难的处境中激励孩子始终鼓足勇气,坚持不懈。

面对困难,坚强的孩子会用顽强的意志去战胜困难,越挫越勇。最终,他们会熬过最艰难的阶段,凭着恒心和毅力获得成功。遗憾的是,现代社会中,大多数孩子都娇生惯养,从未吃过什么苦,更没有尝过失败的苦涩,又因为从小就在父母的溺爱下成长,所以缺乏独立解决问题的能力,更没有坚持不懈的毅力。一旦遇到挫折，他们就会被挫折打败。这样的孩子将来长大成人，独立面对人生，会遭遇各种想象不到的困难，人生的前景也很值得担忧。作为父母，如果不想培养出和纸老虎一样中看不中用的孩子，就要从小培养孩子坚强的品质，更要告诉孩子必须依靠自身的力量走完漫长的人生道路。当认识到这个道理，孩子们就会更加坚强勇敢，坚韧不拔。

甜甜从小就爱吃糖果，牙齿很不好。有一天，甜甜突然觉得牙疼，妈妈带着甜甜去口腔医院看牙。甜甜早就听到班级里有同学说看牙医非常恐怖，因而特别害怕，哭哭啼啼不愿意去。好不容易到了医院，妈妈也挂号了，等到开始叫甜甜进入诊室时，甜甜却想要逃跑。最终，妈妈押解着甜甜进入了诊室，甜甜胆战心惊地躺在治疗床上。她看到医生拿着明晃晃的器械，眼泪都流出来了，说："妈妈，我的牙齿不疼了，咱们回家吧！"妈妈耐心地安抚甜甜："别怕，妈妈一直陪着你。你只要乖乖配合，医生也会很小心的。"听到妈妈的话，甜甜哭得更厉害了。

这时，医生对妈妈说："这位家长，请您出去等吧！"妈妈看着医生，迟疑着不想出去，医生又说："你在这里不走，根本没法治疗。"妈妈缓步走出诊室，担心地透过窗户观察甜甜的表现。让她惊讶的是，原本哭哭啼啼的甜甜很快停止了哭声。大概15分钟过去，甜甜走出诊室，拿着缴费单给妈妈："妈妈，去缴费吧！"妈妈问："治疗结束了吗？"甜甜点点头，

第04章
意志力，让孩子成为真正的强者

妈妈又问："疼不疼？"甜甜就像个小大人一样回答："有点儿疼，但是还可以忍受。打了麻药之后，就一点儿都不疼了。"

妈妈缴费之后去找医生，医生对妈妈说："你看看，你在这里孩子根本不配合治疗，因为孩子知道可以依靠你，也可以对你撒娇。你离开之后，孩子知道自己没有依靠了，只能乖乖配合治疗，哪怕有点儿疼，她也能忍耐，靠着意志力去战胜疼痛。"妈妈由衷地赞叹道："看来作为儿科医生，你们不但专业技术过硬，而且对孩子的心理也很了解啊。以后，我就不陪着进诊室了，她应该会表现越来越好的。"

医生说得很对，在可以依赖的人面前，孩子很爱撒娇，而且会很脆弱。很多父母都担心孩子，因而每时每刻都守护在孩子的身边。其实，在一些特殊的时刻，父母需要做的正是离开孩子，让孩子独立面对。在父母心中，孩子总是孱弱的，需要保护的，而实际上孩子已经渐渐长大，并不像父母所想象的那么脆弱和胆小。父母只有从小培养孩子坚强的意志力，孩子的内心才会越来越强大。爱迪生说，一个人必须具备坚强的意志，才能算得上是伟大人物。真正坚强的人无论面对怎样的环境，都会心怀希望，不改初衷，全力以赴地战胜困难，实现目标。

很多孩子对于坚强的理解都很狭隘，他们觉得坚强就是摔倒了自己爬起来，坚强就是打针的时候不哭。坚强的含义非常广泛，是笑中带泪，是苦中作乐，是可以被打倒却不能被打败。还记得海明威笔下的桑迪亚哥老人吗？他独自一人去海里捕鱼，好不容易才捕捉到一条大鱼，却被鲨鱼盯上了。眼看着鲨鱼吃掉了大鱼，甚至险些把小船都拖翻了，但是他始终没有妥协。虽然他没有吃的，也没有喝的，但是他拼尽了全身的力气与鲨鱼博弈，最终把大鱼的骨架子带回了岸边。这才是真正的坚强。

美国有一位心理学家曾进行过专项研究，目的是调查那些伟大的成功者与平凡的普通人之间最大的区别。在30年的时间里，这位心理学家对数百名男性进行了跟踪调查，研究结果显示，一个人之所以卑微普通，就是因为他缺乏进取心，也没有足够的自信、耐心和毅力。反之，每一个成功者都有自己成功的理由，但是他们却有一个共同点，那就是积极乐观、勇敢坚强、坚持不懈。作为父母，切勿在孩子遭遇困境的时候，首先表现得无法忍受。父母焦虑紧张的情绪会影响孩子，使原本有信心战胜困难的孩子也手足无措，没有主张，而且内心软弱。举个最简单的例子，一个年幼的孩子摔倒了，如果父母没在身边或者假装没有看见他们摔倒，那么他们会迅速爬起来，继续和小伙伴一起玩耍；如果父母看到孩子摔倒了非常紧张，大呼小叫地去扶起孩子，关切地问孩子有没有受伤，那么孩子马上就会嚎啕大哭。下一次他再摔倒，就不会再主动爬起来，而是以哭声吸引父母的注意，让父母赶紧去扶起他们，安抚他们。所以说，只有坚强的父母才能培养出坚强的孩子。

此外，父母要注重给孩子劣性刺激。很多父母都不遗余力

第04章
意志力，让孩子成为真正的强者

地为孩子创造最好的成长条件，对于孩子的一切需求，他们都想方设法地满足，对于孩子的一切表现，他们都不由分说地叫好。孩子就这样顺利地长大，既没有承受挫折和打击的能力，也不愿意经历任何不愉快。即使长大成人，他们也会不堪一击。父母给予孩子劣性刺激，能够磨炼孩子的意志，增强孩子的承受能力，让孩子知道生活尽管不会一直美好下去，但一切艰难坎坷都会度过。

曾经有心理学家对孩子进行了延迟满足实验，这就是著名的棉花糖实验。现代社会，孩子从小就锦衣玉食，吃得饱穿得暖，物质条件极大丰富。如果父母能给孩子一些机会感受饥饿，那么孩子就会知道他们真正喜欢吃什么，也会珍惜食物。此外，适度感受饥饿还能磨炼孩子的意志力，让孩子学会控制自己的欲望。父母也不要总是表扬和奖励孩子，使孩子误以为他们的表现无可挑剔。必要的时候，父母应该批评孩子，甚至惩罚孩子。尤其是对于年幼的孩子来说，他们很快就会忘记父母对他们的谆谆教诲。为了让孩子记住教训，父母可以适度惩罚孩子，让孩子知道他的某些不当行为会引起怎样的后果。国安大学李玫瑾教授针对青少年犯罪举办讲座时，就说到了父母可以适当惩罚和适度体罚孩子，这样才能让孩子明确行为边界，避免做出过激的行为和举动。

要想造就孩子坚强的内心，父母还要故意忽略孩子。如今，很多孩子都是独生子女，能够得到父母和所有长辈的关心与照顾。从小，孩子就像是在聚光灯下长大的，得到了所有人的爱与瞩目，渐渐地，他们就无法再忍受他人的忽视。有朝一日孩子走出家庭，走入学校，甚至走入社会，失去了中心的位置，会常常感到无所适从。那么，父母要偶尔忽视孩子，让孩子感受到被冷落，也让孩子认清楚一个事实，即没有人永远都是焦点。这样一来，当孩子随着渐渐长大被忽视的时候，就不会对于忽视感到无法忍受，相反，他们会安之若素地做好自己该做的事情，也会从容地面对人生的各种境遇。

把失败踩在脚下

在这个世界上，没有任何人能够始终成功。成功与失败就像是一对孪生兄弟形影不离，相依相伴。有的时候，失败再往前一步就是成功，也有的时候，失败会接踵而至，让人们灰心丧气。成功者与失败者最本质的区别就在于，成功者比失败者多努力了一次。反过来说，失败者与成功者最大的区别在于，失败者没有坚持到成功到来的最后一刻。

孩子虽然还很小，不需要为生活劳累奔波，但是他们同样要面对成功和失败。例如，孩子考试成绩好就是成功，考试成绩不好就就是失败；面对一项任务，孩子完成了就是成功，没有完成就是失败。虽然人们常说失败是成功之母，只有踩着失败的阶梯努力向上，才能到达成功的顶峰，但是依然有很多孩子无法承受失败，这是为什么呢？

1. 孩子们在成长的过程中很少遭遇挫折，很少经历失败

父母把孩子们照顾得无微不至，也总是全力以赴满足孩子们的各种要求，这样一来，孩子从小就生活得顺心如意，根本没有形成失败的概念。如果孩子始终在顺境中成长，突然遭遇挫折或者失败，就会受到沉重的打击，很难从失败的阴影中走出来。正是因为如此，近些年来，青少年自杀事件时有发生，他们都把成败看得太重要了，心理的承受能力也很差。此外，很多父母还会给孩子灌输只能成功不能失败的思想观念，让孩子误以为失败是一件很丢人的事情，只能带来弊端，而不会带来任何好处。为此，孩子们非常排斥和抵触失败，对失败避之不及。

2. 改变急功近利的浮躁心态

这个世界并不是非黑即白的，很多时候，在黑白之间，还有灰色地带。同样的道理，在成功与失败这两个极端之间，也有普通人的生存空间，那就是过普通寻常的日子。很多父母在社会中从事薪水不高的工作，住着狭窄的房子，用着十分廉价甚至是假冒伪劣商品，一旦与他人比较，就会感到压力很大。尤其是妈妈们最爱进行比较，当看到身边的其他人生活更好时，常常会在家里念叨。日久天长，孩子耳濡目染，也会觉得有压力，也迫不及待想要改变家庭生活的状况。其实，父

母这么做是很失策的，因为他们无形中发泄的压力，说出口的抱怨，都会使孩子形成急功近利的浮躁心态。这是个唯物主义的世界，客观存在的一切从来不会以任何人的意志而转移，或者发生改变。父母与其消极地影响孩子，还不如脚踏实地地努力，以实际行动告诉孩子：只有努力才是改变命运的唯一方式。在长期坚持努力的过程中，孩子们的表现一定会越来越好，曾经的迷惘和困惑也会烟消云散，因为充实的生活让他们认准了目标，也找准了方向，更确定了应该采取怎样的行动。

汪国峰是一名初二学生，学习成绩在班级里名列前茅，在年级里也屈指可数。他还有两个哥哥，都已经从名牌大学毕业，在大城市里谋到了很好的工作。所以父母常常教育汪国峰："你一定要向两个哥哥学习，认真读书，将来出人头地。"刚刚升入初三进行摸底考试，汪国峰考试成绩下降严重，居然到了班级中等水平。他此前从未考得这么糟糕，因而心情沮丧地回到家里。得知他的成绩，爸爸妈妈也感到不可思议，妈妈更是马上质问："你是不是早恋了？"汪国峰摇摇头，妈妈不依不饶："你的学习成绩向来很稳定，如果不是早恋了，为何会下滑这么严重呢！我可告诉你，你的两个哥哥都给咱们这个家增光了，到了你，可别给咱家丢脸啊！"妈妈话音刚落，汪国峰就把自己锁在房间里。十几分钟之后，他从位于18楼的家里跳了下去，结束了年轻的生命。

一次考试成绩不理想，会有多么严重的后果呢？在孩子漫长的人生道路中,别说这只是一次小测验,就算这是高考,也不能一局定输赢。孩子通过刻苦读书能够考取名牌大学当然好,如果并没有学习的天赋,或者因为其他原因与名牌大学失之交臂,那么人生还有很多条道路都可以走。遗憾的是,妈妈以两个在学业上成功的哥哥作为榜样,给了汪国峰太大的压力,还把汪国峰一次考试的成绩与全家人的脸面联系在一起,也难怪汪国峰会不堪重负,选择自杀了。一个年轻的生命如同初升的太阳,真正意义上的人生还没有开始呢,就这样陨落了,这是家庭的悲剧,也是时代的悲哀。

父母要想培养出身心健康的孩子,一定不要当着孩子的面过度强调成功与失败,更不要使孩子以为失败是最可怕的敌人,必须想方设法、不择手段地避免失败。如果孩子能怀着平常心看待成功与失败,就能集中自己所有的精神和力量专注地做好该做的事情,说不定还能柳暗花明又一村,在失败的转角处与成功不期而至呢!

要想让孩子坦然接受失败,父母要做到以下几点:

1. 要理解孩子遭遇失败的心情,及时安抚沮丧绝望的孩子

遭遇失败,孩子一定比父母更难过,因为父母只是对孩子怀有期望,而孩子在追求成功的过程中一直在坚持,在努力付出。所以父母要理解孩子的失败,在第一时间给失败的孩子送去理解体贴的安慰,这远远比在孩子获得成功时给孩子点赞更重要。

2.父母要引导孩子发现失败的价值和意义

也许有些父母会说：失败就是失败，还有什么价值和意义呢？那么，你认为孩子在完成作业或者考试过程中出错，有没有意义呢？犯错误，就是暴露不足的过程，只有意识到不足的存在，我们才能弥补不足。失败的意义也正在于此。遭遇失败，一定是某个环节或者某个细节出现了问题，父母要做的就是和孩子一起查漏补缺，弥补缺失，争取下一次能够获得成功。当下一次在积累经验的基础上获得了成功，也就体现出了这次失败的价值。作为父母，一定要端正心态，正确且深刻地认知失败，这样才能避免误导孩子。

3.多多鼓励孩子，和孩子一起分析失败的原因

俗话说，对症下药才能治愈疾病，同样的道理，只有找到失败的原因才能有的放矢地解决失败这个大难题。很多父母一旦看到孩子失败，比孩子更加沉不住气，当即就会口不择言地批评孩子，打击孩子。这样的做法是绝对错误的，非但不能帮助孩子战胜失败，还会让孩子放弃希望，不再努力，彻底陷入失败的深渊。发现问题，解决问题，这才是通往成功的必经之路。如果孩子因为认知能力有限，无法分析出失败的真正原因，那么父母就要多多帮助孩子，和孩子一起分析失败的原因，这样才能引领孩子从失败的困局中走出来，也才能帮助孩子重新树立信心。

尽管每一个父母都望子成龙，望女成凤，希望自家的孩子

各个方面的表现都出类拔萃，但是实际上，孩子从来不是完美的。随着孩子不断成长，父母会经历一个幻灭的过程：在孩子小时候，父母会认为孩子是最棒的。随着孩子不断成长，父母发现孩子并非他们想象中那么优秀，渐渐地感到失望。只有真正意识到每个孩子既有优点也有缺点，接受孩子本来的样子，父母才能心平气和地当好合格的父母，也才能更好地陪伴和抚育孩子成长。

抵御诱惑，掌控自我

现实生活中，诱惑无处不在，对成人而言如此，对孩子而言同样如此。也可以说，生活中随时随处都充满了各种各样的诱惑。面对这些诱惑，别说是自控能力差的孩子无法自制了，就算是成人，也难免会有内心动摇的时候。有些成人抽烟酗酒，就是不能战胜酒精和香烟的刺激与诱惑；有些成人沾染黄赌毒，就是不能抵御对刺激和享受的诱惑；有些成人监守自盗，利用职务之便挪用公款，中饱私囊，就是因为无法抵御金钱的诱惑……诱惑始终在考验着人们的自我掌控能力。

诱惑的力量这么大，让人难以抵抗，对于孩子而言，要想战胜诱惑就更难了。有些孩子喜欢吃糖，导致患上龋齿非常痛苦，这都是"甜蜜的"诱惑在作怪；有些孩子贪睡，不愿意早起去上学,这就是"温暖的"诱惑在勾引着孩子;有些孩子不想学习,只想玩游戏,甚至沉迷于游戏之中无法自拔,这就是被网络诱惑形成了网瘾;有些孩子为了买各种好吃的好玩的,偷拿父母的钱,这就是吃喝玩耍在诱惑他们……诱惑,就像是一个个陷阱,上面也许用青草掩饰,也许用鲜花装点,其本质却是堕落和危险。现代社会,随着网络的普及,各种各样的诱惑越来越多,而且还都穿着让人难以辨识的华丽外衣。很多孩子都会上网,在浏览网页的时候难免会被各种花哨的信息所迷惑,点开看了之后不由得心慌意乱,迷失了自我。要想让孩子对网络形成自控力,父母就要把好关,可以给家中的电脑安装网管,也可以给孩子制定规矩,限定时间,让孩子健康地上网。

对于年幼的孩子来说,所谓诱惑也许就是吃喝玩乐,但是随着不断地成长,孩子们的自我意识渐渐觉醒,对于世界的好奇更加强烈,对于各种事物的探求更加深入,他们面临的诱惑也就更多更大。孩子的自控力原本就很弱,再加上他们明辨是非的能力也还有所欠缺,所以他们更容易被诱惑,也会因此而闯祸。在孩子的成长过程中,父母肩负着重要的责任,既要负责照顾孩子,又要负责监管孩子。所以很多父母都觉得养孩子就是斗智斗勇,也是自我的一场修行。

小荷非常贪吃,长得胖乎乎、圆鼓鼓的,吃起东西来就没个够。为了帮助小荷控制体重,妈妈不得不把家里好吃的东西都藏起来,定时定量地给小荷吃。有一天下班回家,妈妈带回

第04章 意志力，让孩子成为真正的强者

来一罐进口坚果。因为急着做饭，妈妈把坚果放在餐桌上，就系着围裙进了厨房。

小荷放学回到家里，第一眼就看到了餐桌上的坚果。她还没有洗手呢，就把手伸到坚果的罐子里，抓起一把坚果就津津有味地吃了起来。她一连吃了好几把坚果，还是意犹未尽。听到妈妈在厨房里喊着"开饭了"，小荷贪心地抓起最后一大把坚果，然而，她的手却拿不出来了。小荷着急地叫喊起来："妈妈，妈妈！救命，救命啊！"妈妈从厨房里走出来，看到小荷满脸憋得通红，手正被卡在罐子口呢，感到又好气又好笑，问小荷："你这是做什么呢？"小荷委屈地说："我听到你说要吃饭了，想多拿一些坚果吃。"妈妈嗔怪道："你啊，可真是个小馋猫。你看看，你都吃了这么多坚果了，还是没吃够，还要继续吃。你要是把手里的坚果放下去一些，手不就能拿出来了吗？"小荷在妈妈的提醒下，把手中的坚果放下了一些，但是看着手心里的坚果少得可怜，她忍不住请求妈妈："我可以再拿一把吗？"妈妈被小荷逗笑起来，无奈地说："拿吧，拿吧，小馋猫。"

对于孩子来说，美味的食物就是对他们最大的诱惑。吃是人的本能，新生儿呱呱坠地就急迫地找奶吃，这足以说明吃是不需要学习的天性和本能。随着现代社会生活水平提高，孩子们有很多美味的食物可以享用，如果毫无节制，就会变得肥胖。正是因为如此，现在的小胖墩才那么多。当发现孩子身材

· 095 ·

走样，超出标准体重后，父母就要有意识地帮助孩子控制吃的欲望，例如，家里不要准备太多的零食，尤其是高脂肪高热量的垃圾食品。可以准备一些奶制品和水果，这是健康的零食，让孩子在两餐之间作为加餐食用，既能补充营养，又不至于引起肥胖。

除了受到美食的诱惑之外，孩子还很喜欢购物。很多父母都有这样的体验，只要带着孩子去商场或者超市，孩子总是要了这个要那个，父母如果不买，他们就会嚎啕大哭。在这种情况下，父母要减少带孩子去购物场所的次数。毕竟孩子自控力有限，让他们看着琳琅满目的商品，却不让他们购买，对他们而言是一种折磨。在孩子的自控力还没有增强之前，父母不要经常带着孩子一起去商场，一则避免诱惑孩子，二则避免孩子当众哭闹非常尴尬。

如果偶尔带孩子去商场，孩子任性哭闹要求父母买单，父母又要怎么做呢？很多孩子都特别任性，他们总是对父母提出要求，如果父母不能立刻满足他们的要求，他们就会哭闹不休，甚至还会趴在地上打滚，以这种激烈的方式与父母抗争。遇到这种情况，父母必须坚持原则，守住底线，切勿因为孩子哭闹就对孩子妥协。父母要清楚，这个世界上没有任何人可以无条件得到自己想要的一切，所以父母要学会拒绝孩子，让孩子意识到即使哭闹也不能够要挟父母。

为了缓解尴尬，父母可以采取转移注意力的方式，让孩子暂时停止哭闹。例如，孩子想买一辆玩具汽车，那么父母可以带着孩子去书店，让孩子看看有趣的故事书；孩子想吃比萨，父母可以给孩子买一份冷饮。随着这样的训练越多越多，孩子的自控力会得到锻炼，渐渐就可以控制自己的言行举止了。

要想培养孩子的自控力，父母还可以采取游戏的方式。大多数孩子都喜欢做游戏，在做游戏的过程中，父母可以和孩子扮演不同的角色，例如，让孩子当爸爸妈妈。这样一来，孩子就能进行角色互换，理解爸爸妈妈为何不给他们购买想要的东西。采取做游戏的方式培养和提升孩子的自控力，符合孩子的天性，往往事半功倍。

一个人如果不能很好地控制自己，就会被欲望驱使，变成欲望的奴隶。孩子虽然小，欲望也很少，但是父母却要有意识地培养孩子的自控力，让孩子能够抵御诱惑，掌控自我。孩子只有从小养成良好的思维习惯和行为习惯，长大之后才能表现得更好。

第05章

自我管理，主宰自己才能驾驭人生

孩子小时候需要依靠父母的管教才能更好地成长，然而，父母不可能一直跟在孩子身边。随着不断成长，孩子活动的范围越来越大，他们必然会离开父母，融入自己的生活圈子，创造属于自己的生活。在这种情况下，只有擅长自我管理的孩子，才能主宰自己，也才能驾驭人生。

发展孩子的亲社会行为

什么是亲社会行为呢？简而言之，亲社会行为就是对社会表现出亲近美好，与身边的人以及社会中的陌生人也能友好相处。亲社会行为具有明显的社交特点，也表现出一定的利他性。对于孩子的一生而言，表现出良好的亲社会行为，至关重要。父母要有意识地培养孩子的亲社会性，这样能够有效减少孩子的暴力倾向，也可以明显改善孩子的攻击行为。具有亲社会性的孩子，还很富有同情心，他们更愿意帮助他人，也更愿意与他人互帮互助。在良好的人际关系中，他们更能够控制自己的情绪和行为，自控能力也得以发展。他们很愿意与他人交流，也愿意与他人成为朋友。

很多人都认为孩子与社会生活还很遥远，然而心理学家经过研究发现，很多儿童多表现出明显的亲社会行为，例如，他们很乐于分享，也很积极地与他人合作，还会主动对他人施以援手。随着不断地成长，孩子的智力发育水平越来越高，他们还掌握了更多的技能，这有利地推动了他们亲社会行为的发展。那么，孩子的亲社会行为发展会经历哪些阶段呢？

第一个亲社会行为的发展阶段是在两岁之后。在两岁之前，孩子认为自己与外部世界是一体的，所以还没有发展出自

第05章
自我管理，主宰自己才能驾驭人生

我的概念。两岁之后，孩子把自己与外部世界分开了，渐渐地形成了自我的概念，所以他们渐渐形成了物权意识，开始变得"自私"，不愿意与其他小朋友分享玩具、食物等。经过这个阶段之后，他们才会形成分享意识。两岁的孩子在情感上也有了明显的变化，他们会同情他人。例如，看到他人正在哭泣，他们会表现得很不安，有些孩子还会做出相关的举动，试图安慰他人。再如，看到身边的人不开心，原本很高兴的孩子就会变得心情沉重。这些行为的出现，使孩子从关注自我到关注他人，也开始有意识地与他人建立联系。

第二个亲社会行为的发展阶段在3~6岁期间，孩子会更愿意与他人互惠互利。他们渴望和追求快乐，开始愿意与人分享，也更加关注他人的情绪。在这种情况下，如果他人的言行举止能够让他们感到快乐，他们会更愿意与他人相处。这种互惠互利的倾向，使孩子与他人之间的联系更加密切。

傍晚，思域从幼儿园放学回到家里告诉妈妈："妈妈，今天我在幼儿园里很开心，我认识了一个新朋友。"妈妈很惊喜："真的吗？可以把你的新朋友介绍给我吗？"思域说："当然好啊，我很愿意你认识我的新朋友。我的新朋友叫明道，他是小男生。"妈妈又问："那么，你们是怎么认识的呢？"思域说："今天，我带了巧克力去幼儿园。明道想吃巧克力，我给了他一块巧克力，他还把蛋糕送给我吃了呢！"妈妈笑起来："哦，原来你们是通过交换美食认识的。那么，你明天想带什么好吃的去幼儿园呢?"思域摇摇头:"明天,我不带好吃的去幼儿园,我要带玩具。明道说他要带小汽车,我想带娃娃,好吗?"妈妈点头表示同意:"当然好啊。不过,男生会喜欢玩娃娃吗?妈妈建议你除了带娃娃,还可以带一架小飞机,说不定明道会很喜欢呢!"思域很开心地接受了妈妈的建议,而且主动把娃娃和小飞机都装入书包里。

在这个事例中,思域正处于亲社会行为的发展阶段。她表现出明显的交换意识,而且对于明道的回赠,她非常喜欢,也很开心。妈妈的做法非常好,她积极地鼓励思域带一个飞机给明道玩,这会让思域更加感受到与好朋友相处的快乐。孩子虽然小,也是社会的一员,也需要融入社会生活之中。当发现年幼的孩子表现出明显的亲社会行为,父母一定要积极地鼓励孩子,也要给孩子创造有利的条件与身边的人相处。

第三个亲社会行为的发展阶段是从儿童中期到青少年前期。在这个阶段,孩子的自我意识越来越强,他们渐渐地不再以自我为中心,而是开始关注到他人的需求,并且为此更加积极地做出亲社会行为。在这个阶段,孩子的是非和善恶观念越来越鲜明,他们会做自己认为正确的事情,也更加主动地帮助他人,并且以此为乐。

第四个亲社会行为的发展阶段在青少年时期。在青少年时期,孩子们能够理解抽象的社会规范,也开始有意识地肩负起社会责任等。他们的行为越来越符合社会的准则,在得到他人的尊重和社会的认可之后，他们愿意帮助更多的人，并且以此作为自己不可推卸的义务和责任。

经历了这四个阶段的发展之后，孩子的亲社会行为发展会越来越好。他们从稚嫩的生命体，发展成为符合社会道德要求和规范的社会人。在此过程中，他们与社会的融合度越来越高，也更加积极主动地肩负起社会的责任和义务。这能够帮助他们奠定人生的良好基础，他们不但会表现出亲社会行为，也会与他人之间建立良好的关系。

培养孩子爱的能力

儿童心理学家经过研究发现，善良是孩子的天性，孩子天生就充满爱，会同情身边的人。在6个月前后，婴儿就会对他人做出情感反应，例如，他们原本正在笑呵呵的，当看到身边的人板起面孔的时候，他们马上就会表情严肃；还有些婴儿的反应更加明显，即当看到身边的人哭泣，他们也会跟着哭泣。虽然他们并不知道别人为什么哭，也不知道自己为何要哭。这就是典型的情感反应。等到一两岁，孩子看到身边的人哭，还会拿起喜欢的东西送给他人，试图安慰他人。这意味着孩子能够把他人的痛苦与自己的感受区分开来，并且尝试着减轻他人的痛苦。但是，因为他们对于痛苦的认知还不够深刻，对于如何安慰他人也不了解，所以他们只能从自己的角度出发，把自己喜欢吃的、喜欢玩的送给他人。

孩子五六岁时开始进入认知反应阶段。在这个阶段，他们对于他人的情绪感受更加了解，他们会选择在合适的时机去安慰他人，也会在他人需要安静的时候选择离开。这些行为意味着孩子越来越懂得如何去爱他人，这是随着孩子的成长自然发生的。然而，也有些孩子在成长的过程中变得日渐冷漠，缺乏爱心，究其原因，是父母没有培养孩子的爱心。爱心虽然是天生的，但是爱的能力强弱却是后天培养出来的。很多父母会面面俱到地教育孩子，却唯独忽略了孩子需要爱的教育。一个人只有具备爱的能力，才能更好地成长；一个人也只有具备爱的能力，才能更好地爱自己，爱他人，爱这个世界。

现代社会，生存的压力越来越大，职场上的竞争日渐激励。人与人之间除了紧张的竞争关系之外，更需要得到他人的感情支持。例如，父母、亲人、朋友、同学、老师等的关心和支持，将会给予孩子强大的精神力量，让孩子内心充实而又美好。当然，孩子不仅要得到爱，更要学会付出爱，从而温暖身边的人。作为父母，一定要致力于培养孩子的爱心，爱心不但让孩子的人生有温度，也让孩子因为爱而更加主动地控制自己，管理自己，从而有出色的表现。

遗憾的是，现实生活中，有很多孩子都缺乏爱的能力。他们已经习惯了接受父母无微不至的关心和照顾，并不曾意识到父母为他们的付出,更没有意识到父母是需要他们爱的回报的。他们用着父母辛苦赚来的钱,过着优越的生活,却从未想过父母工作有多么辛苦,更没有想过父母在工作的过程中可曾受到什么委屈。如果孩子对于始终为他们付出的父母都没有爱心,又怎么会怀着爱去拥抱这个世界呢?很多父母与孩子的相处都出现了各种问题,当务之急就是要培养孩子爱的能力,让孩子既能感恩父母,也能主动爱父母,回报父母。当孩子能够意识到父母的辛苦,他们的表现就会有很大的改观,他们与父母的相处就会得到有效的改善。

寒假里,妈妈每天都很忙碌,既要照顾好孩子,还要兼顾工作,更要做好家务。尤其是每天早晨,妈妈就像个旋转的陀螺一样,在厨房里忙碌着,准备好早餐之后又要收拾房间。可可呢,却睡眼惺忪地坐在沙发上,就等着妈妈把饭菜端到桌子上吃呢。

有一天早晨,妈妈因为着凉感冒了,不但头疼,嗓子也疼得说不出话来。可可起床之后,看到妈妈还躺在床上,忍不住抱怨道:"妈妈,这都几点了,你还不起床?你是想把我饿死吗?"妈妈有气无力地对可可说:"可可,妈妈不舒服,你去吃点儿面包,喝点儿牛奶吧!中午爸爸下班回家,再给你做饭。"可可很不乐意:"妈妈,我想吃你做的西红柿鸡蛋面,不想吃牛奶和面包。"妈妈说:"但是我生病了,很不舒服,浑身没力气,需要躺在床上休息。"可可继续央求妈妈:"你要勇敢啊，妈妈，你就坚持一下，好不好？西红柿鸡蛋面很快就能做好了。"妈妈有些懊恼："你这个孩子都9岁了，怎么不知道心疼人呢？我都生病起不来床了，你不关心我，照顾我，反而还让我起床伺候你！你觉得自己做得好不好？"被妈妈批评，可可感到很惭愧，这才问妈妈："妈妈，你想喝水吗？"妈妈说："想喝一杯温水。"可可给妈妈端来水，又问妈妈是否想吃牛奶和面包，妈妈说想睡一会儿，可可这才离开。

很多孩子都和事例中的可可一样，总觉得爸爸妈妈无所不能。其实，爸爸妈妈承担着巨大的压力，也会生病，会觉得身体不舒服。作为孩子，平日里接受父母的照顾，一旦父母生病了，孩子就要关心和照顾父母，给父母以精神上的支撑和抚慰。

孩子虽然能力有限，但是可以做的事情并不少。例如，扫地、拖地，洗自己的衣服，主动完成作业，打扫自己的房间，择菜洗菜等，这些都是孩子力所能及的事情，孩子要尽力去做。一个家的运转，不是仅仅依靠某个人的努力就能保持下去的。随着不断地成长，孩子要更加注重为家付出，而不要总是心安理得地接受父母的照顾。从父母的角度来说，如果总是凡事都为孩子代劳，不给孩子任何机会去尝试，或者从来不向孩子求助，试图得到孩子的关心和照顾，那么日久天长，孩子就会养成只知道索取爱，而不懂得付出爱的坏习惯，变得越来越自私。很多父母会羡慕别人家的孩子懂事听话，却不知道别人家的孩子从小就接受爱的教育，不但感受爱的能力很强，而且付出爱的能力也很强。

在世界上，爱是造物主赐予人类最美好的礼物。左拉说，爱闪耀着永恒的光辉，燃烧着永恒的火焰，永远也不会老去；爱是世界的养料，供给世界无限的动力。爱是感恩，是付出，是感恩，是给予。一个人只有坚持付出爱，才会得到他人爱的回报。孩子要想在人生中始终都能得到爱，始终都能与爱相依相伴，那么就要拥有爱心。为了培养孩子的爱心，父母要为孩子树立榜样。还记得中央电视台的一则公益广告吗？年轻的妈妈端来一盆热水，给年迈的妈妈洗脚，小小的女儿看到妈妈的所作所为，也主动端来一盆热水，给年轻的妈妈洗脚。这就是爱的传承，也是爱的力量。在日常生活中，父母要以身示范，给孩子做好榜样。例如，在公共交通工具上主动给需要的人让座；经常带着孩子一起去探望老人，陪伴和照顾老人；当社会上有人遭遇灾难的时候，带着孩子一起去捐钱捐物。也许在孩子小时候，爱心只是一颗小小的幼苗，但是它会随着孩子的成长而成长，从稚嫩到成熟，从微小到强大。作为父母，一定要保护孩子的爱心，也要培养和增强孩子爱的能力。

尤其需要注意的是，对于孩子表现出的爱，父母要给予积极的回应。例如，孩子为父母倒了一杯水，不小心洒在地上，父母切勿批评孩子，而是要认可孩子的爱心行动，赞赏孩子懂得孝敬父母。这样，孩子才能坚持爱父母。反之，如果父母因此而批评孩子，那么孩子下次就会为了避免犯错，不再关心父母。再如，孩子看到爸爸妈妈下班了，洗了一个苹果送给爸爸妈妈吃，爸爸妈妈却推辞："宝贝，爸爸妈妈不吃，你吃吧。"虽然爸爸妈妈是让孩子吃苹果，但是在孩子稚嫩的心灵中，他的爱心被父母拒绝了。很多父母都会在不经意间伤害孩子付出爱心，无形中阻止了孩子做出爱的行为。因而父母要更加用心地感悟孩子的爱，接受孩子爱的表现。爱既是付出，也是接受；既是给予，也是得到。爱是需要回应的，尤其是对于孩子的爱，父母更要积极地回应，才能让孩子爱的小苗茁壮地成长。爱与自由，是父母给予孩子的最好礼物，在爱中成长的孩子，内心更加充实，感情更加丰富细腻，人生更加幸福快乐。

换位思考，才能宽以待人

什么是换位思考呢？顾名思义，换位思考指的是放下主观的思想，站在他人的立场和角度上，尽量理解他人的感受，理解他人的想法，从而从他人的角度思考问题。在人际交往中，换位思考是一种能力，只有学会换位思考，一个人才能更加顺畅地与他人沟通，也才能在良好的交往中赢得他人的信任。换位思考，还是人际相处的润滑剂，人与人之间有很大的不同，常常会因为各种原因而产生矛盾，发生争执，如果能够换位思考，就能够了解他人的苦衷，也能够更好地与他人交流。反之，如果不懂得换位思考，总是站在主观的角度去揣测他人，与他人之间发生争执，那么就会使人际关系紧张恶劣。那么，如何才能做到换位思考呢？

1. 父母要教会孩子控制情绪

曾经有心理学家经过研究发现，愤怒会使人的智商瞬间降低，可想而知，一个人如果不能控制自己的情绪，陷入冲动和愤怒之中，怎么可能冷静下来理性地分析问题，也为他人着想呢？人是情绪动物，每个人每时每刻都会产生各种情绪，如果不能控制情绪，就会让自己处于失控的状态，无法有效地解决问题。从某种意义上来说，控制情绪的能力是自控力的重要表现之一，然而，控制情绪的能力并非与生俱来的，而是要随着后天不断成长，不断锻炼，才能培养和增强的。

2. 父母有意识地培养孩子换位思考的能力

孩子在幼年时期就会渐渐地形成自我意识。在两岁之前，他们并不能区分自己与世界之间的关系。两岁之后，他们虽然能够把自己与世界区分开来，但是却依然从自我角度出发，观察世界，观察周围的一切。他们很难跳出主观的角度，客观地看待这个世界。随着不断成长，孩子的自我意识越来越强，也更加密切地与他人交往，渐渐地形成了他人的意识，知道了自己和他人是不同的生命个体。在这个思维发展阶段中，父母应该着重培养孩子的换位思考能力。例如，引导孩子观察他人的情绪变化，引导孩子留意到他人的需求，引导孩子理解他人的苦衷。渐渐地，孩子的换位思考能力会越来越强，与人相处的能力也会得到增强。对于孩子而言，人际关系的建立对他们的成长很重要，关系到他们能否拥有幸福的童年和美好的成年。

3. 培养孩子分享的好习惯

在现在的很多家庭里，都只有一个孩子。这使很多孩子从小就习惯了得到父母和长辈所有的宠爱，所以他们越来越自私，不愿意与他人分享。尤其是在有了好吃的、好玩的时候，他们更是独占着。这样的孩子自我意识极强，总是以自我为中心，从来不考虑他人的需求和感受。但是这样的孩子并非天生的，而是因为父母平日里太过溺爱他们，所以使他们越来越骄纵任性。父母爱孩子固然没有错，却不要因为爱而宠溺孩子，使孩子的心中、眼里只有自己，使孩子除了独占之外根本不懂得分享，更不会主动付出。否则有朝一日孩子走上社会，必然会遭到他人的嫌弃，也会在恶劣的人际关系中越来越孤独。

最近，小姨要出差，就把闵非送到小雨家里，让小雨妈妈代为照顾。小雨妈妈非常开心地说："正好小雨一个人觉得孤单，闵非来了，可以和小雨一起玩。"然而，小姨送来闵非刚刚离开，小雨就和闵非吵了起来。原来，闵非想玩小雨的一个玩具，小雨却不让闵非碰。妈妈好说歹说才平息了矛盾，到了吃饭的时候，俩孩子又闹起了别扭。原来，小雨看到妈妈给闵非盛饭很不开心，抱怨妈妈："妈妈，为什么闵非碗里的肉比我碗里的多呢？"妈妈无奈地说："一样多的啊。没关系，你

第05章
自我管理，主宰自己才能驾驭人生

使劲吃，吃完了锅里还有呢！"然而，小雨坚持让妈妈现在就给他多装几块肉。

晚上，好不容易才帮两个孩子都洗完澡，让他们躺在床上听故事，小雨却不愿意和闵非一起睡，也不允许闵非去妈妈的床上睡。妈妈只好把闵非放在大床睡觉，又来陪伴小雨。小雨正瞪着眼睛等妈妈呢，妈妈抚摸着小雨的头，耐心地问："小雨，如果妈妈出差，把你送到小姨家里，你会怎么想？"小雨说："那我一定很可怜，不能和妈妈在一起。"妈妈又问："在这种情况下，闵非如果总是欺负你，这也不让你碰，那也不让你玩，还不让你睡在他的床上，你又会怎么做呢？"小雨陷入沉思，良久才说："我会给妈妈打电话，让妈妈接我回家。"妈妈说："但是妈妈不在家，在很远的地方，没有办法马上回来接你，你必须继续在小姨家住好几天。你心情会好吗？"小雨摇摇头，妈妈语重心长地说："小雨，闵非就是这样啊。他在咱们家，妈妈不在身边，本来心情就不好，你总是处处针对他，他又没有其他地方可以去，一定会非常伤心。"小雨思考了一会儿，对妈妈说："妈妈，明天我给闵非玩我的玩具，也允许他和我睡在一张床上。"妈妈欣慰地笑了："这才对啊，你和闵非是兄弟，应该相亲相爱，互帮互助。你们睡在一张床上，还可以聊天呢，对不对？"经过妈妈的这一番开导，次日，小雨对闵非果然友好多了。

如今的孩子普遍缺乏分享意识，是因为他们从小就习惯了独占，所以不懂得分享。曾经有一位哲人说，在这个世界上，分享会给人带来最美妙的感受，能让人收获满满，例如，快乐幸福、朋友之间的情谊、事业的成功，都是分享的产物。作为父母，一定要教会孩子分享，也引领孩子感受分享的乐趣。很多孩子之所以不愿意分享，是因为他们不能理解和体谅爱他人的感受，也就忽视了他人的需求。因而学会换位思考，是解决问题的根本方法。那么，如何培养孩子换位思考的思维习惯呢？

1. 父母要主动和孩子沟通，把自己的各种感受和想法告诉孩子

在家庭生活中，很多父母总是把好吃的好喝的和好玩的一股脑都塞给孩子，让孩子独享，这看似是爱孩子，实际上是害了孩子。如果孩子养成了不愿意分享的坏习惯，将来就很难与他人相处。如果孩子思考任何问题都从自身的角度出发，将来就会无视他人的情绪和感受，也就不能与他人好好地沟通。因此，父母一定要教会孩子理解他人的感受，主动与他人分享。唯有如此，孩子才能渐渐地养成与人分享的好习惯，也才能在分享的过程中理解他人的情绪感受，学会关爱他人。

2. 父母要为孩子树立换位思考的好榜样

每当家人和朋友做出让他们为难的事情时，先不要急于生气，而是要心平气和地理解和体谅他人，这样孩子才会学习父母的样子，也更加主动地为他人着想。中国向来崇尚礼尚往来，所谓礼尚往来，就要有来有往，才能在交往中密切关系，

加深感情。换位思考也是需要礼尚往来的,父母要先对孩子进行换位思考,让孩子感受到父母对他们的理解和尊重,孩子才愿意理解父母。当孩子在家庭生活中养成了换位思考的好习惯,将来走出家门,走入学校,走进社会,他们也会很愿意体谅他人,从而与他人之间建立良好的关系。

3. 父母要正确对待孩子的错误

当孩子出现打人骂人等行为时,父母切勿简单粗暴地对待孩子,例如,打回去骂回去等,都是很糟糕的教育方法,虽然能够让孩子切身感受到疼,但是并不利于发展孩子的换位思考能力。有些孩子还因此而变得更加暴躁,稍有不如意就会哭闹不休,动辄就动手动脚地打人,这是不好的行为习惯。面对孩子的过激行为,父母要温和而坚定地制止,一则可以告诉孩子不能以恶制恶,二则也是尊重孩子的表现,三则还能让孩子学会控制自己的情绪,为他人着想。

4. 生活中不要给孩子搞特殊待遇

一个家庭要想秩序井然,就要建立适用于全家的规则和秩序,而不要给孩子特殊待遇。如果总是特别照顾孩子,或者给孩子太多的特权,渐渐地孩子就会误以为他们有权利凌驾于他人之上,也就形成了以自我为中心的错误思想,总是无视他人的需求和感受。家里的每个人都应该相互关心和照顾,孩子虽然小,也可以力所能及地照顾父母,父母要给予孩子这样的机会。孩子的同理心需要通过点点滴滴的小事情进行培养,他们最应该感同身受的对象就是父母。

总之，人是社会动物，每个人都要在社会中生活，无一例外。孩子小时候也许可以在父母的庇护下成长，有朝一日他们长大了，就要离开父母的身边，独自面对生活。与其让孩子在习惯了以自我为中心后无法适应与人相处，父母不如趁着现在孩子还小，培养孩子换位思考的能力，让孩子拥有同理心。这样一来，孩子将来才能更好地与人相处，也才能在和谐融洽的人际关系中受益匪浅。

团结合作，聚沙成塔

常言道，一根筷子被折断，十根筷子抱成团。这就是团结协作的力量。人多力量大，所以现代社会尤其提倡团队合作，因为每一个人都是社会的一员，都要融入社会生活，都要团结起来才能做更多的事情。父母要从小培养孩子的合作精神，因为孩子只有懂得合作，将来才能更快地适应社会生活，并且在团队中发挥积极的作用；反之，如果孩子不懂得合作，将来进入社会中工作和生活，一定会很不适应，而且还会遇到很多的困难。与其让孩子将来觉得无所适从，父母不如从现在开始就着手培养孩子的团结合作精神。每个人就像是一滴水，只有融入大海，才能更好地生存。反之，如果一滴水孤立地存在，也许几分钟之后就会渗入泥土中消失不见，或者被蒸发掉，变得无影无踪。

培养孩子合作的精神，可以让孩子形成大局观念，避免孩子鼠目寸光，也避免孩子故步自封。在与人合作的过程中，孩子还能得到学习的机会，古人云三人行必有我师，孩子在团队中也一定会遇到值得学习的对象。在团队中进行合作时，孩子还要学会与人交往，这对于将来走上社会融入时代很有好处。现实生活中，很多孩子都是独生子女，是全家人的希望所在，所以不知不觉间变成了小公主、小王子，唯我独尊。然而，孩子在学习合作的过程中，渐渐地就会控制自己的任性与自私，控制自己冲动的情绪，消除内心的愤怒，从而心平气和地与他人交往。

张欢是家里的独生女，她的父母也都是独生子女，所以张欢就成了独苗，得到了全家人的疼爱。渐渐地，张欢越来越骄纵任性，不管有什么愿望，都要第一时间得到满足。每当与小朋友们在一起玩的时候，张欢总是动不动的就生气，弄得小朋友们都不愿意和她玩。看着张欢孤独寂寞的样子，妈妈决定要找机会好好教育张欢。

风和日丽的周末，妈妈带着张欢去公园里玩耍。春天来了，百花盛开，张欢在公园里一边走一边欣赏美丽的花朵，时不时地还会到处跑着捉蝴蝶。很快，她和妈妈来到了公园里的小湖边，坐在长椅上休息。妈妈看着低垂的柳枝，对张欢说：

"张欢，我们做个游戏，好吗？"听说要做游戏，张欢很开心，当即欢呼雀跃地表示同意。妈妈让张欢捡起地上掉落的柳枝，张欢虽然不知道妈妈的用意，但还是照做了。很快，她就捡到了十几根柳枝，兴致勃勃地拿给妈妈。

妈妈拿出一根柳枝给张欢："把这根树枝折断吧。"张欢轻而易举地就折断了柳枝，对妈妈说："这也太容易了，毫无难度。"妈妈又拿出两根柳枝给张欢，让张欢折断。这次，张欢折了好几次，才把柳枝折断。妈妈又拿出十根柳枝给张欢，张欢忍不住皱起眉头问："我可以一根一根折吗？"妈妈摇摇头："一起折，看看能不能折断。"结果，张欢尝试了好几次，连一根柳枝都没有折断。她纳闷地问妈妈："一根柳枝很容易折断才对，为何同时折十根，就没有办法折断一根了呢？"妈妈笑着告诉张欢："因为一根柳枝势单力薄，十根柳枝才能抱成一团，相互支持。这就像人一样，一个小朋友力量有限，十个小朋友在一起，虽然每个小朋友都力量很小，但是加在一起却力量很大。张欢，你也要学会和小朋友相处，融入小朋友之中，增强自己的力量。"张欢若有所思地点点头。

通过折树枝游戏，妈妈让张欢明白了一个深刻的道理，即每个人都要融入团队之中，才能实现自己的价值，也才能让自己变得更加强大。日常生活中，如果孩子很爱听故事，那么父母可以以讲故事的方式教育孩子；如果孩子很爱玩游戏，那么父母可以以玩游戏的方式潜移默化地引导孩子。具体而言，如何做才能培养孩子的合作精神呢？

1. 让孩子了解团结的重要性

如果没有人让孩子吃饭，孩子饿了就会自己找东西吃。同样的道理，如果孩子知道团结的重要性，也经常面临需要团结一致才能解决问题的局面，那么他们就会从独来独往到主动融入团队之中。人人都知道"团结就是力量"，但是真正能够做到的人却少之又少。父母坚持讲道理给孩子听固然重要，却很难帮助孩子深刻理解道理。那么，就可以把道理融入游戏之中，甚至在必要的时候创设困局让孩子感受到自身的势单力薄，这样孩子就可以切实感受到团结很重要。

2. 鼓励孩子多多参加集体活动

孩子天性爱玩，如果一个人被关在家里，孩子就会感到孤独寂寞，也有些孩子因为精神无处寄托，迷恋上网络游戏。其实，虚拟的网络根本没有现实世界精彩和有趣，曾经有一位名人说，没有任何人能够取代同龄人陪伴孩子成长。那么，父母要鼓励孩子多多参加集体活动。在集体活动中，孩子的人际相处能力会得到提升，孩子的智力发育也会得到促进，孩子的学习能力更是会快速增长。遗憾的是，有很多父母都没有意识到参与集体活动对孩子的重要性。为了能够省心，不必操心孩子的安全问题，有些家长甚至要求孩子除非上课需要，只能待在家里。试问，难道作为父母，你们能把孩子始终关在家里，不让孩子接触外部世界吗？当然不能。孩子终究要长大，去创造自己的人生。明智的父母会尽早对孩子放手，让孩子加入集体之中，学会与不同的人相处，学会借助于集体的力量完成艰巨的任务。

那么，有哪些集体活动可以参加呢？虽然孩子的生活范围比较小，生活的方式相对单一，生活的内容也比较纯粹，但是孩子还是有很多机会参加集体活动的。例如，学校或者班级组织的集体活动，在寒暑假里举办的夏令营活动，家族的聚会和同学的生日宴会等，以及其他的一些公益活动，都属于集体活动，都对孩子的成长有益。

3. 鼓励孩子结交更多的朋友

常言道，多个朋友多条路，多个敌人多堵墙。对于孩子而言，朋友是他们成长过程中不可缺少的陪伴，也是他们认识世界的窗口之一。每个孩子不同的见识汇聚起来，孩子就会拥有更开阔的视野；每个孩子不同的智慧凝聚起来，集思广益，孩子就会拥有大智慧。现代社会，尤其是在钢筋水泥铸就的城市森林里，孩子们独自一个人默默地成长。虽然父母也会想方设法地陪伴孩子，与孩子玩耍，但是父母终究不是孩子的同龄人，没有和孩子类似的思维。有些孩子因为长期处于孤独寂寞的状态，所以性格非常抑郁，内心里渴望获得友情，行动上却不知道如何与朋友相处。父母要鼓励孩子结交更多的朋友，也要创造机会让孩子结交朋友。例如，可以邀请孩子的同学来家里玩耍，可以和孩子的小伙伴约定一起去郊外踏青等，这些都是很好的交友方式。父母还要教会孩子如何当好小主人，招待小客人，尤其是要帮助孩子树立平等的观念，也要教会孩子尊重他人。这是人际相处的基础，也是结交朋友的必备素质。

没有一个孩子可以在孤独寂寞中成长。父母除了全心全意地照顾孩子的衣食住行之外，也要给予孩子更多的关心和帮助，关注孩子的精神世界和情感状态，才能真正进入孩子的内心，得到孩子敞开心扉的接待。在得到孩子的信任和尊重之后，父母才能与孩子顺畅的沟通，也才能教会孩子更多做人做事的道理。就让孩子从与父母友好相处开始，学会合作吧。

自控的孩子不会随意攻击

很多父母都发现，孩子常常会做出攻击行为，这是为什么呢？孩子攻击他人的原因有很多，有的时候是为了抢夺他人的东西，有的时候是为了与他人争胜负，这些都属于工具性攻击。所谓工具性攻击，就是一方攻击另一方的目的，不是为了获得攻击性结果，而是为了获得非攻击性结果。与工具性攻击相对的，是敌意性攻击。所谓敌意性攻击，意思就是攻击者的目的是为了伤害他人的身体或者心灵，以及他人的成果或者财物等。显而易见，敌意性攻击，是带有恶意的攻击，是以伤害他人为目的的。

通常情况下，孩子很少会进行纯粹敌意性攻击，而更经常地进行工具性攻击。在一些特殊情况下，孩子也会进行两者兼而有之的攻击。例如，一个孩子为了抢夺另一个孩子拿着的玩具，就把另一个孩子推倒在地上，趁着另一个孩子哇哇大哭之际，拿着玩具溜之大吉。

孩子的攻击性并非天生的，而是在后天成长的过程中才渐渐形成的。才几个月的婴儿，就会出现攻击性行为。例如，当一个半岁以上的婴儿试图去拿起一件东西的时候，如果有人阻止他，他就会推开他人的手，或者拍打他人的手。显而易见，婴儿的目的是清除障碍。大概在1岁前后，孩子会出现明显的工具性攻击行为。很多父母都知道，孩子天生热衷于抢东西，对于被他人抢走的东西，他们会更加宝贝，更强烈地想要得到。所以他们会通过攻击他人，来抢夺玩具。尤其是在这个阶段，孩子并没有形成物权意识，并不能明确区分一件玩具到底属于谁。他们抢夺一件玩具的理由很简单，那就是喜欢、想要，这也使得1岁大小的孩子们在一起玩耍时，特别容易发生矛盾。

两岁左右，孩子的心智得到发展，也渐渐地形成物权意识。当想要得到一件玩具时，他们不再只是通过工具性攻击来实现目的，而是会尝试着采取协商的方式解决问题。尤其是在玩具比较紧张的情况下，他们会进行简单的协调。在这个阶段，父母应该多多鼓励孩子友好相处，面对孩子不能通过协商解决的难题，父母还可以为孩子提供合理的建议或者好的解决方案。这样一来,孩子就会减少攻击性行为,转为更加和平友好地解决问题。

当孩子进入幼儿园大班,也就是五六岁之后,他们就不再经常性地进行工具性攻击,而是能够相对友好地与小伙伴相处。即使发生矛盾,他们也很少动手,而是会嘲笑、挖苦或者贬低同伴。随着工具性攻击行为的减少,敌意性攻击行为却呈现出增长趋势。尤其是对于天生就很热衷于战斗的男孩而言,他们更容易因为一言不合或者遭到嘲笑等原因,进行敌意性攻击。

豪杰正在读幼儿园大班,最近,他的身高增长了很多,再加上他身材魁梧强壮,所以在班级里已经成为不折不扣的大块头。因为在体力上占据优势,豪杰好战的特点就表现得更为明显。妈妈隔三差五就会接到老师打来的投诉电话,不是说豪杰又把小朋友打哭了,就是说豪杰又抢小朋友的玩具了。妈妈每天都教育豪杰要和小朋友友好相处,却收效甚微。直到有一天,老师怒气冲冲地给豪杰妈妈打电话:"豪杰妈妈,豪杰把一个小朋友的手咬得流血了,你赶快来幼儿园吧,那个小朋友的父母也马上就到。"流血了?妈妈接到电话赶紧赶去幼儿园,见到另一个小朋友的父母马上连声道歉,还主动提出要带小朋友去医院检查伤势。看到豪杰妈妈的态度还算通情达理,那个小朋友的父母才消了气,并且表示先涂抹消毒水观察一下。

回到家里,妈妈质问豪杰为何要咬人,豪杰委屈地说:"他说我是小胖墩!"原来如此。在此之前,豪杰虽然很喜欢逗弄小朋友，但是并没有咬人，看来这次是自尊心受到了伤害。妈妈耐心地告诉豪杰："豪杰，他说你是小胖墩，是他不对，你可以把这件事情告诉老师，或者告诉妈妈，但是不能咬人，知道吗？只有小狗才会咬人呢，小朋友是不能咬人的。而且，我们最近也可以一起减肥，如果你能减重几斤，显得不那么胖，就没有人会叫你小胖墩了，好吗？你要记住，不管因为什么原因，咬人都是不对的，打人也不对。除非别人要伤害你，威胁到你的安全，需要自卫时，你才能采取打人咬人等极端的方式保护自己，明白吗？"

豪杰似懂非懂："妈妈，什么叫自卫？"妈妈又耐心地把自卫解释给豪杰听，还再三叮嘱豪杰不要打人了。经过这番教育，豪杰的攻击行为终于有所缓解。

豪杰为何会打人、咬人呢？就是因为他缺乏自控力。他想要抢夺小朋友的玩具，所以打人；他因为听到小朋友叫他"小胖墩"，就冲动地咬人。这样随意攻击的行为，让豪杰在班级里一点儿都不受欢迎。那么，如何才能缓解孩子的攻击行为呢？

1. 父母要为孩子营造和谐融洽的家庭氛围

在很多家庭里，父母本身相处就很不融洽，会给孩子留下心理阴影，无形中就会给孩子负面影响，使孩子也倾向于暴力行为。父母要为孩子树立好榜样，以行动教会孩子遇到分歧和矛盾要讲道理，而不能动手打人。当孩子亲眼看到父母通过沟通解决了家庭生活中的难题，他们就会以更加积极的方式处理问题，解决问题。

2.在发现孩子出现攻击行为的时候,父母要及时制止孩子

有些父母看到孩子喜欢骂人打人,不但不批评孩子,反而以此为乐。孩子在不懂事的时候看到父母对他们的打骂行为表示赞许,就会变本加厉。等到父母想纠正孩子的不当行为时,孩子已经养成了坏习惯,显然为时晚矣。所以父母切勿轻视孩子的打骂行为,一定要对孩子的打骂行为"零容忍"。孩子虽然小,却最擅长察言观色。他们会根据父母的反应及时调整自身的行为表现,父母一定要给孩子明确的态度,也要采取必要的举措让孩子知道他们的行为边界。

3.父母不要对孩子动手

很多父母一旦发现孩子犯错误,就会打骂孩子,且不说打骂孩子会激发起孩子的逆反心理,打骂孩子还会给孩子树立糟糕的榜样,使孩子在长期被打骂的过程中误以为只有打骂才能解决问题。每个孩子都会犯错误,有些孩子还会犯很严重的错误,但是不管孩子犯什么错误,父母都不应该体罚孩子。教育孩子是一门艺术,更是一门技术,批评和惩罚孩子就需要父母选择合适的方式,也把握好分寸。如果孩子无意间伤害了他人,父母要责令孩子当即向对方道歉,并且尽量补救;如果孩子犯下的错误很严重,那么父母要责令孩子进行赔偿,承担错误的后果,还可以收回孩子的某一项权利,让孩子深刻意识到父母对此事的重视程度。这样既可以加深孩子对错误的认识,也可以让孩子接受必要的惩罚,承担相应的后果。

4.父母要为孩子营造和平友爱的成长环境,让孩子远离血腥和暴力

随着网络的普及,孩子们有很多方式可以接触网络,但是他们又没有甄别网络信息的能力,所以常常会受到网络上血腥暴力的负面信息影响。在孩子还不能独立上网之前,父母要净化家庭生活中的网络环境,监督孩子不要接触暴力网站和暴力游戏。对于电视上一些有暴力倾向且会对孩子造成误导的节目,父母也要禁止孩子观看。近些年来,很多孩子沉迷于网络游戏,患上严重的网瘾,有些孩子还模仿网络游戏中的情节故意杀人,这些极端的举动会给孩子的成长带来伤害,也会给整个家庭带来伤害。如果父母管理不到位,孩子还会危害社会,懊悔终生。每一个父母都有责任和义务为孩子提供良好的成长环境,就要面面俱到地监管孩子的成长,为孩子的成长助力。

第06章

父母会沟通，有效提升孩子的自控力

亲子教育的重要渠道和实现方式，就是亲子沟通。父母会和孩子沟通，就能打开孩子的心扉，了解孩子的真实想法，也能有效地引导孩子，提升孩子的自控力。反之，父母不会和孩子沟通，就会导致与孩子的沟通渠道阻塞，无法有效地引导孩子，使孩子的自控力降低。明智的父母会坚持与孩子进行有效沟通，使家庭教育进行得畅通无阻，孩子的自控力也会大大增强。

倾听孩子的心声

很多父母都不了解孩子的心里在想什么,还抱怨孩子不愿意对父母吐露心声。殊不知,孩子之所以对父母关闭心扉,都是父母导致的。在孩子小时候,他们最愿意和父母倾诉,但是父母却对喋喋不休的孩子表示厌烦,并且对孩子说:"哎呀,你小嘴吧嗒吧嗒的,能不能别再说了!""你可真是烦人啊,每天说个不停!"父母对孩子的话看似是无心说出来的,却会伤害孩子的自尊心,渐渐地,孩子不再对父母倾诉,而把所有的心里话都埋藏在心底。

父母要学会倾听孩子的心声,这不但是了解孩子的重要途径,也能表现出对孩子的尊重。孩子虽然小,但是自尊心很强,他们想得到父母的尊重,也愿意和父母进行沟通和交流。父母要认真倾听孩子,表现出对孩子的尊重,才能赢得孩子的好感,与孩子之间建立融洽的关系。父母要记住,家庭教育的唯一渠道就是走入孩子的内心世界,了解孩子的真实想法,同时以恰当的方式对孩子进行教育和引导。一旦孩子对父母关闭心扉,父母就没有机会和孩子沟通,自然也就不能引导孩子,更不能有的放矢地培养和提升孩子的自控力。

在教育孩子方面,很多父母都进入了一个误区,即要求孩

第06章
父母会沟通，有效提升孩子的自控力

子必须对父母绝对服从。现实却是，父母虽然给了孩子生命，却并不完全占有孩子。真正明智理性的父母不会要求孩子对自己言听计从，反之，他们希望孩子能够坚持成长，有自己的想法和主见。孩子成长的重要标志之一，就是越来越不听话。当孩子在不听话的表象背后隐藏着更独立自主的想法和主见时，父母应该感到欣慰，而不是强求孩子必须听话。也有些父母因为与孩子之间发生矛盾感到苦恼，要想消除这种苦恼，父母要端正心态，把孩子看作独立的生命个体，用心地倾听孩子的心声，以平等的姿态与孩子进行交流。只有在民主和谐的家庭氛围中，孩子才会身心健康，充满快乐地成长。

在小时候，每个孩子最信任的人就是父母。他们不管有开心的事情还是伤心的事情，抑或是遇到为难的事情，都会第一时间告诉父母。父母只有懂得倾听，善于倾听，才能让孩子始终向父母敞开心扉。反之，如果父母无情地嘲笑孩子的梦想，打击孩子的理想，觉得孩子的所有想法都是不切实际的，那么渐渐地，孩子就会越来越疏远父母，也会不再信任父母。他们对父母关闭了心扉，只把会令人眉开眼笑的"好消息"告诉父母，而把会让父母歇斯底里的"坏消息"隐藏起来。所以面对不再兴致勃勃说个不停地孩子，父母首先要反省自身，而不要抱怨孩子不再倾诉。尤其是当孩子说起学校里的各种事情时，父母一定要有耐心听孩子说完，而不要在孩子才刚刚开始诉说的时候就训斥孩子："你最重要的任务就是学习，其他的事情

都不要关心,这不是浪费你的时间和精力吗?你快别说了,赶紧回到房间里写作业吧,一定要认真啊,要争取全对!"父母在对着孩子的背影说出这番话的时候,一定没有看到孩子落寞的眼神和因为不满而撅起的嘴巴。渐渐地,孩子意识到他们与父母之间的代沟是无法弥补的,就会对父母感到特别失望,也就不愿意再和父母吐露心声了。

那么,父母要怎么做,才能更好地倾听孩子,赢得孩子的信任,打开孩子的心扉呢?

1. 不管孩子说得是否正确,父母都不要急于表达自己的想法

所谓倾听,是无条件地接受,偏偏很多父母迫不及待地对孩子指手画脚,一旦听到孩子的所言不符合他们的观念,马上就会否定和批评孩子,甚至会打断孩子的话,不允许孩子继续说下去。这样的父母只想居高临下地指挥孩子,而不想与孩子进行沟通。

放学回到家里,张明兴致勃勃告诉妈妈:"妈妈,学校里要举行运动会……"张明一句话还没有说完呢,妈妈马上说:"我告诉你,你可别报名参加。有很多运动项目都特别危险,扔铅球万一扔到同学身上可不得了,跑步要是跑得太快了会心跳骤停,跳高的话,万一伤到骨头,就不能去上学了……"妈妈喋喋不休地说着,张明离开妈妈的身边,回到卧室关上门,开始写作业。以后,学校里不管有什么事情,张明回家都不愿

意告诉妈妈，因为他不想听到妈妈的否定，更不想听到妈妈的唠叨。有一次，妈妈还是从其他同学的家长那里才得知学校要举行大型活动，她想不明白张明为何不告诉她，就去问张明，张明说："我就是不想和你说，和你说你又不愿意听，你只顾着说你认为正确的，我却觉得你说的是错的。"妈妈听完张明的话陷入了沉思，不知道应该说些什么。

张明的妈妈在现实生活中并不是个例，很多妈妈都会这样对待孩子的倾诉，她们没有耐心倾听孩子把话说完，就急于表达自己的想法，希望孩子完全按照他们所说的去做。殊不知，她们不但打断了孩子的话，也关闭了孩子尝试着向他们敞开的心扉。

2. 不要否定孩子的各种观点，要认可孩子的想法

很多父母在家庭教育中都坚持一言堂，即只允许他们向孩子下达命运，而不允许孩子表达不同的想法。虽然他们前一刻还在鼓励孩子要勇敢地说出心里话，后一刻却在批评孩子说的话不正确，而要求孩子必须执行父母的命令。

父母这样独断专行，只会让孩子当再次遇到困难的时候，不再向着父母求助。在成长的道路上，孩子随时随地都有可能遭遇困难，都有可能感到困惑，而且孩子的情绪变化很快，也很容易受到外界的干扰。他们渴望得到父母的理解和认可，更多的时候，他们需要的不是父母的命令，而是父母的尊重和理解。所以父母要适时收起好为人师的喜好，不要肆意评价孩子

的言行举止，而是要闭上嘴巴，贡献出耳朵，耐心地倾听孩子。在此过程中，父母还应该明白一个道理，即倾听的目的是安抚孩子的情绪，给予孩子理解和支持，而不是否定和批评孩子，更不是打击孩子的自信心。很多孩子之所以常常感到孤独，就是因为他们得不到父母的理解，也得不到父母的尊重。父母不要小瞧倾听这个简单的举动，父母如果能够倾听孩子，就能消除孩子的孤独与寂寞，就能让孩子感受到他存在的价值和意义。

父母尤其需要注意的是，不要因为忙碌，就忽略了倾听孩子。很多父母常常会因为忙于工作或家务而忽略了孩子在说什么。在一整天的时间里，全家人常常各忙各的，即使周末在家休息，也没有家庭共同的活动，更没有机会进行交流，这会让孩子无法感受到父母的关爱，更无法感受到家庭的温暖。有些孩子因为和父母交流太少，还会怀疑父母是否真的爱他们，是否真的在乎他们。所以，从现在开始，父母不管正在忙什么，都应该放下手中正在做的事情，看着孩子的眼睛，友好地问"宝贝，你有什么话想对我说吗？"而不要头也不抬，厌烦地对孩子说"我很忙，你想说什么能不能快点儿？"作家龙应台说，所谓父母子女一场，无非就是父母看着孩子的背影渐行渐远，目送孩子离开父母的身边。既然如此，父母更应该珍惜孩子在身边的日子，多多与孩子说话，感受孩子的童年时光。

让孩子走自己的路

作为父母不管多么爱孩子,都不要试图安排好孩子的一切,更不要试图掌控孩子的人生。虽然孩子因父母才来到这个世界上,但是孩子并不是父母的附属品,更不是私有物。从新生命呱呱坠地的那一刻,父母就投入了全部的心力抚育新生命,但这并不代表父母不需要适时地从孩子的生命中抽身而出。很多父母都会给孩子立规矩,让孩子知道自己行为的边界,其实作为父母更需要接受一个事实:孩子长大了,有自己的人生之路要走,父母可以把孩子扶上马送一程,却不要始终拉扯着马的缰绳,不让马撒开四蹄去狂奔。

父母对孩子的爱,是这个世界上最深沉最无私也是最真挚的爱,但是这并不意味着父母可以打着爱的旗号,以爱的名义,在孩子的成长道路上设置爱的陷阱。看到这里,也许有很多父母都会感到委屈:我是那么爱孩子,怎么就变成了陷害孩子呢?没错,凡事皆有度,过度犹不及,如果父母对孩子爱得过度,变成了溺爱,就是在害孩子。正如一位名人所说的,溺爱,是父母对孩子最大的害。最可怕的是,父母一边溺爱着孩子,却并不曾意识到自己是在害孩子,反而觉得很开心,认为自己为了孩子付出了一切。有朝一日,等到孩子长大了,才会发现已经掉入了爱的陷阱之中,非但没有随着年岁的增长变得成熟起来,强大起来,反而成长为一个巨婴,一旦离开了父母就无法生存下去。要想让孩子更加独立，早日成人，父母一定要避免给孩子设置爱的陷阱，一定要更加理性明智地爱孩子，培养和发展孩子各个方面的能力。

随着马玉进入青春期，妈妈与马玉之间的相处越来越困难。妈妈煞费苦心地为了马玉好，马玉却总是嫌弃妈妈，有的时候还会指责妈妈。有一次，因为妈妈值夜班，没有提前准备马玉次日春游的便当，马玉就对妈妈大发雷霆。妈妈伤心极了，找到一位青少年心理专家进行咨询。

在听到妈妈讲述了单身一人抚养马玉成长的经过后，心理专家问："孩子如果做一件事情做不好，您是否下次就不让他做了？"妈妈点了点头，心理专家又问："孩子第一次自己系鞋带，一定系得不好，那么您是怎么做的呢？"妈妈说："我给他买了一双魔术贴的鞋子，这样就不用系鞋带了。"心理专家又问："孩子第一次刷碗，是不是把水弄得到处都是？"妈妈继续点头。心理专家继续问道："孩子第一次收拾房间，是不是用了好几个小时，房间里还是乱七八糟的。"妈妈很惊讶："您是怎么知道这一切的？"心理专家说："您连系鞋带这种事情都不给他机会练习，又怎么能抱怨孩子太过依赖您，还常常指责您做得不好呢？孩子接下来的人生道路还长着呢，您最好为他准备好结婚的房子，为他准备好生活的一切所需，说不定您还要为他抚养孩子呢！"妈妈恐惧地看着心理专家，心理专家说："您已经把孩子养成了巨婴，就要继续为他负责

第06章
父母会沟通，有效提升孩子的自控力

到底，您虽然付出了全部的力量去照顾他，但是随着不断成长，他的欲望会越来越强，要求会越来越多，您只能接受他的指责。"妈妈陷入了沉思之中，很长时间都没有说话，最终长叹了一口气。

　　一个为孩子包办一切的妈妈，一个把孩子视为生命全部的妈妈，又怎么能一下子甩掉孩子呢？妈妈既然已经引诱着孩子走入了爱的陷阱，而且在陷阱中生活了很久，要想把孩子救出陷阱独立面对生活，只怕很难。古人云，由俭入奢易，由奢入俭难。对于孩子而言，从自力更生到接受他人的照顾容易，从已经习惯了被人照顾得无微不至，又不得不在短时间内独立自主，这是很难的。

　　在成长的过程中，如果孩子始终都依附于父母，那么他们就会错过学会独立的机会。等到有一天父母老了，他们也长大了，飞到了更为广阔的天地，都根本无法为自己的生活负责。尤其是在面对生活中各种艰难处境和形形色色的诱惑时，他们失去了父母的管束，自主性又太差，根本无法进行自我控制。如果父母直到看见孩子在面对生活时无所适从，才能恍然醒悟是自己的爱害了孩子，那么为时晚矣。每一位父母都要意识到，孩子的成长需要空间，孩子的能力需要锻炼，孩子的未来需要憧憬，孩子的现在需要把握。

　　人们常说，勤快妈妈懒惰孩子，反之，懒惰妈妈勤快孩子。这就是说不管是作为妈妈，还是作为爸爸，都不要代替孩

子做事情。在孩子小时候，能力有限，无法独立生存，父母照顾孩子是天经地义的。随着孩子成长，父母一定要调整好心态，也要意识到为孩子全权代劳只会害了孩子。父母要学会适时放手，给予孩子更为辽阔的空间去成长，走向自立。在坚持成长的过程中，孩子会发展各个方面的能力，诸如更加自控，能够根据自身的各种情况做出理性的判断，也能激发自己的潜能去完成更多的事情，还会渐渐地形成自信，拥抱生活。

　　孩子因为过度依赖父母，所以才会限制自我的发展。前几年有一则网络新闻引起了大家的关注，也引起了大家的议论。原来，一位物理系高材生因为成绩优异，在毕业之际被保送到国外的一所知名大学进行深造。这可是个千载难逢的好机会，有多少学子为了得到这个机会拼尽全力，却没有得到这个机会，但这个大学生坚决不愿意出国，只想留在国内。一开始，大家都很奇怪这个大学生为何要放弃这个机会，大学生拒绝说出原因。后来，有记者与大学生推心置腹，用了很长时间与大学生相处，才终于得知了大学生拒绝出国的原因，真相令人瞠目结舌。这个大学生之所以不想出国留学，就是因为他既不会做饭，也不会洗衣服，而只会学习。他甚至不知道如何与人相处，每天都在埋头苦读圣贤书。也许有人会感到奇怪，那么大学4年，这个大学生是如何生活的呢？他的衣服被褥由妈妈定期到学校收集起来带回家清洗，而且妈妈还会做好美味的食物带到学校里给他吃，就怕他总是吃食堂营养不良。最终，妈妈的

第06章
父母会沟通，有效提升孩子的自控力

爱害了这个孩子，不管他在学习方面多么出类拔萃，在生活方面都是不折不扣的低能儿，甚至不得不因此放弃留学深造的好机会。

父母的过度保护，对于孩子而言就是一场灾难。所谓过度保护，就是父母包办了孩子的一切事宜，就像鸟类一样张开翅膀，把孩子护在自己的翅膀下面，不让孩子经历任何风雨。在父母心中，孩子永远都像刚刚出生的时候那么脆弱，他们根本不知道孩子随着不断地成长，能力在增强，水平在提高，也不知道孩子需要经历风雨，而不能始终都生活在温室里。江苏卫视的婚恋节目《非诚勿扰》中，也经常会有妈宝嘉宾。记得曾经有个女嘉宾，学历很高，身材高挑，而且长得还很漂亮，但是始终牵手不成功，原因就是她不管做什么事情都要征求妈妈的同意，把妈妈说的话当成圣旨。记得当时有个男嘉宾专为这个女嘉宾而来，非常喜欢女嘉宾，但是女嘉宾最终却拒绝了他，原因就是妈妈不让她找比自己小的男朋友。那么，这个男嘉宾比女嘉宾小多少呢？才小几个月而已。当时，包括主持人孟非在内的好几位点评嘉宾都感到特别惋惜，觉得这个女嘉宾错过了缘分，女嘉宾却浑然不觉，还是坚持要听妈妈的话。其实，对于这样的人生伴侣，很多人都会心生畏惧，因为他们仿佛不是与伴侣生活，而是与伴侣的妈妈生活。在父母长期的过度保护和严格控制下，孩子很容易就会出现身心发展的异常，导致人格和性格发展不良。也有些孩子因为从小就习惯了把一

切交给父母决定，所以才会缺乏自信心，畏缩胆怯。

曾经有儿童心理学专家说，每一个独立的生命都要有尊严，才能更好地生存。那么，当父母把孩子如同宠物一样照顾得无微不至，而且在孩子获得成长之后依然严密控制着孩子，孩子又怎么会有机会得到锻炼，坚持成长呢？如果一个人必须依附于他人才能更好地生存，他们就会失去尊严，也非常自卑。显而易见，这对孩子的成长是极其不利的。父母必须清楚地意识到，每一个孩子都要有独立的人格，都要能够承担属于自己的人生责任，而不要如同常青藤一样必须攀附在高大的树木上才能生存。人，是要有脊梁的，而孩子的脊梁，需要父母在抚养孩子成长的过程中，循序渐进地引导和塑造。

不过度指挥孩子

对于缺乏自控的孩子，很多父母都存在误解，觉得是因为父母对孩子管束不够，所以孩子才会自控力薄弱。不可否认，的确有很多孩子缺乏自控力是因为父母对孩子疏于管教。但是这并非是孩子自控力差的唯一原因。还有一些孩子自控力之所以很差，是因为父母对他们的管教太过严格。毫不夸张地说，有些父母就像狱警看守犯人一样，把孩子看得牢牢的，每时每刻都在盯着孩子的一举一动，导致孩子动也不敢动。有些父母看到孩子不听话,还会动用武力,甚至是暴力来控制孩子的行为,强求孩子必须服从父母的权威。在父母的严防死守之下,孩子并不会更加自控,反而会出现"哪里有压迫,哪里就有反抗"的现象,对父母生出逆反心理,总是与父母对着干。

父母对孩子严防死守,还有一个负面作用。即孩子失去自我控制的动力,总是依赖于父母的管教,被动地做很多事情。如果父母从来不给孩子自控的机会,孩子如何能够提高自控力呢?所谓自控力,本质上是主动进行自我管理和控制。因而培养和发展孩子自控力的前提,是要让孩子有机会进行自我管理。爱与自由,是孩子最需要的成长养料。成人需要自由的时间和空间,孩子也同样需要。父母要想发展孩子的自控力,就必须留下时间与空间给孩子,让孩子主动自发地管理自己。

每一个孩子都是崇尚自由的,他们有自己的思想和意识,也渐渐地拥有主见。现代社会,父母对孩子的爱不是太少,而是太多,沉重的爱逼仄着孩子,使孩子常常感受到压力。也有很多父母对孩子寄予了殷切的期望,甚至把自己年轻时候没有完成的理想也寄托在孩子身上。在父母如山的爱之下,孩子常常感到沉重,觉得透不过气来。明智的父母知道爱也会变成一种负担,所以他们会适度地爱孩子,而不会把自己的意志力强加在孩子身上。每一个孩子都应该坚持做自己,每一个父母都应该支持孩子做自己。对于每个人来说,真正的成功是活成自己想要的模样,而不是拷贝别人的成功模式,获得盗版的成功。

父母要记住，孩子是一个活生生的生命，而不是一件可以随意摆放的物品。孩子有自己的思想，有自己的主见，他们从依赖于父母生存，到能够独立生存，期间会经历成长，也会经历坎坷磨难。作为父母，不要总是一厢情愿地把自认为好的东西一股脑都塞给孩子，甚至包括自己的理想和梦想。父母要发自内心地尊重孩子，要给予孩子机会进行独立思考，接受各种锻炼，也要让孩子亲身验证他们的人生目标能否实现。每当孩子感到迷惘和困惑的时候，父母切勿随意指挥孩子，也不要对孩子下达各种命令。父母该做的是引导孩子，让孩子从含糊的思想中找到方向，从迷惘的现状中找到出路。在有些家庭里，父母之间对于教育孩子的问题还会有分歧，一个指挥孩子往东，一个指挥孩子向西，更会让孩子无所适从。在教育孩子的问题上，父母一定要达成一致，统一战线，才能齐心协力实现教育的目标。孩子的成长既需要条条框框的限制，也需要自由发挥的空间。作为父母，如何把握和拿捏好其中的度，是技术，也是艺术。不管是放任自流，还是过度管教，都是对孩子不负责任的表现，都无法教育好孩子，实现既定的教育目标。作为父母，切勿以"管教之经"行"密制之实"，否则就会限制孩子的成长，导致事与愿违。

恬恬马上就要背起书包成为一年级的小豆包了，妈妈既紧张，又期待。为了让恬恬真正地走向独立，妈妈还和恬恬约定，从现在开始，恬恬就要在自己的卧室里独立入睡，不能再让妈妈陪伴了。恬恬满口答应，趁着恬恬对上一年级感到新鲜有趣，妈妈还和恬恬约法三章，规定了每天的作息时间，以及放学后必须第一时间完成作业。恬恬全都表示同意。

上一年级的第一天，恬恬放学回到家里，还不等恬恬有所行动呢，妈妈就开始安排恬恬："要写作业了哦，记得咱们说好的，放学回家不能看电视，要先完成学校的作业，然后完成课外练习。"恬恬撅着小嘴吧，满脸不高兴："知道啦，我又没说要看电视啊，我本来就是要写作业的！"恬恬学校里的作业刚刚写完，正在收拾作业本呢，妈妈又说："恬恬，接下来该写课外作业了哦！"恬恬瞪着妈妈，手上的动作反而慢了下来，妈妈不停地催促恬恬抓紧时间，恬恬都不搭理妈妈。就这样，妈妈一直在盯着恬恬，不等到恬恬按照日程计划表主动行动，妈妈就已经催促好几遍了，恬恬很不开心。随着时间的流逝，恬恬越来越拖延，越来越被动，不管做什么事情，她都要等到妈妈催促很多遍才会去做。

在这个事例中，妈妈彻底扼杀了恬恬的主动性，也妨碍了恬恬自控力的发展。父母在什么情况下才需要催促孩子呢？首先，不要在孩子还没有开始拖延的时候就催促孩子，而是要耐心等待，说不定孩子接下来就会积极行动了呢？父母催促过早，反而会打消孩子的积极性，使孩子误认为父母认定他们是拖拉磨蹭的，为此他们就不愿意表现得积极。其次，即使孩子已经表现出轻微的拖延，父母也不要急于催促孩子，而是要旁敲侧击地提醒孩子，让孩子尽量主动展开行动。这样孩子才会感受到主动行动的好处，也才愿意继续努力。最后，父母不要居高临下地对孩子下命令。没有人喜欢被人命令，孩子也是如此。有些孩子处于叛逆期，非常敏感，自尊心也很脆弱，如果父母只会命令孩子，就会让孩子觉得自己不被尊重，反而会变得叛逆，不愿意按照父母所说的去做。

父母尽管要对孩子负责，却不要把孩子据为私有财产，更不要过度指挥孩子。人的动力可以分为内部驱动力和外部驱动力。所谓内部驱动力，就是发自内心的力量。所谓外部驱动力，就是外界的力量。内部驱动力是更持久的，外部驱动力是短暂的。虽然外部驱动力在短时间内发挥的力量比内部驱动力更强，但是外部驱动力只能保持很短暂的时间。父母要做的正是激发孩子的内部驱动力，使孩子主动自发地管理自己，而不要被父母管束。一旦孩子建立了心中的秩序，也愿意遵循秩序做好很多事情，他们就会有更加稳定和优秀的表现。

不过度指挥孩子，除了不要给孩子下达命令之外，还要避免凡事都为孩子代劳。孩子的本性就是趋利避害，他们更愿意享受安适，而不愿意劳心费力。但是脑子越用越灵活，如果长时间不用，就会变得迟钝。所以父母还要让孩子多多动手，多多动脑，保持思维的敏捷。在与孩子发生分歧的时候，父母还要为孩子营造民主平等的家庭氛围，多多倾听孩子，少命令和指挥孩子。对于孩子所说的各种建议，父母要积极地采纳；对于孩子坚持要去做的事情,父母要表示支持。父母最终会发现,当父母真正平等地对待孩子,发自内心地尊重孩子,孩子就会表现得更好,更积极主动。在这种情况下,父母再对孩子因势利导,就能培养孩子的自控力,让孩子自觉地进行自我管理。

表扬切勿泛滥

在独生子女政策的影响下,很多家庭都只有一个孩子。随着独生子女政策的取消,只有少数家庭生养了两个孩子。不管是一个孩子还是两个孩子,都是父母的心肝宝贝,都是家庭瞩目的焦点。再加上近些年来奉行赏识教育,所以父母们再也不敢对孩子声色俱厉,而是想方设法地找机会表扬孩子。似乎只要父母们坚持随时随地表扬孩子,孩子就一定能够被夸成一朵花一样。然而,现实告诉我们,表扬孩子也要有限度,还要讲究技巧,否则表扬非但不能起到预期的效果,还会导致事与愿违。

不可否认的是,恰到好处的表扬的确能够激励孩子,也有利于孩子身心健康地成长,还能让孩子树立自信心,在学习和生活中有更好的表现。但是,如果表扬过度或者没有掌握正确的时机,就会给孩子带来尴尬,还会让孩子盲目自信。泛滥的表扬过犹不及,如果必须让孩子在谦虚与骄傲之中选择一个,那么孩子还是谦虚点儿好。然而,如今已经进入全民教育焦虑时代,几乎每一个父母都对孩子寄予了厚望,也盼望着孩子能在最短的时间内学有所成,出人头地。古人云,欲速则不达,告诉我们很多事情慢就是快,快就是慢。越是心急,越是吃不了热豆腐,反而那些能够沉下心来脚踏实地努力的人,最终能够取得好的结果。

现代社会发展迅猛,不仅孩子们越来越浮躁,成人也陷入了浮躁的怪圈。在这种情况下,父母更要避免一味地表扬孩子,否则就会使孩子迷失自我,失去对于自己客观的认知,陷入盲目自信的怪圈中,狂妄自大,不知进取。古人云,凡事皆有度,过度犹不及,正是这个道理。

此外,人都有一种心理,即对于历经千辛万苦才得到的一切会非常珍惜,而对于轻而易举得到的一切则往往不知道珍惜,还会轻视。如果父母对孩子的表扬太过泛滥,那么非但不能起到激励孩子的作用,反而会让孩子对于表扬不以为然,也不知道珍惜。很多父母都知道不要过度批评孩子的道理,却对过度表扬孩子的危害认识不够深刻。其实,人是很容易膨胀的,尤其是孩子对于自我缺乏理性的认知,往往会把父母对他们的评价作为自我评价。一旦孩子自信心爆棚,变成了自负,就会失去正确的努力方向。因而父母在表扬孩子的时候,一定要本着宁缺毋滥的原则,掌握表扬的技巧,让表扬发挥应有的作用。那么,表扬孩子有哪些技巧呢?

1. 表扬要具体详细，不要空洞无物

很多父母自从听说了赏识教育的好处，就把赏识教育奉为教育的圣经。他们每时每刻都在找机会表扬孩子，虽然表扬的次数足够多，但是表扬的质量堪忧。对于孩子的表现，父母一直都是"三字经"："你真棒""你真牛""你厉害"这样简略的表扬虽然脱口而出，但是效果并不能保证。孩子最开始听到这样的表扬也许会很开心，也能受到激励，但是随着父母说的次数越来越多，而且不分时间场合都在说这几句话，孩子就会越来越不想听，越来越反感。直到最后，这样的表扬非但不能激励孩子，反而还会起到相反的效果。

自从上了三年级，小叶就在作文方面表现出很大的优势。她每次写作文都很流畅，而且描述细腻，刻画生动。和其他同学最发愁上作文课正相反，小叶最喜欢上作文课，尤其喜欢听老师当着全班同学的面朗读她的作文。

得知小叶在作文方面的特长，妈妈也很开心。每天晚上或者周末，看到小叶伏案疾书写作文，洋洋洒洒好几页，妈妈就会夸赞小叶："小叶，你的作文写得真好！"起初，小叶得到妈妈的表扬很开心，越写越好。但是，妈妈每次都这么表扬小叶，渐渐地小叶开始感到厌烦。有一次，妈妈又表扬小叶作文写得好，小叶忍不住问妈妈："妈妈，你别光说我写得好，能不能说说我到底哪里写得好！"妈妈被小叶问住了，瞪着眼睛看着小叶，很长时间都没有说出一句话。小叶放下笔，不愿意再写了,直到妈妈悻悻然离开,小叶才又拿起笔,开始构思,开始落笔。后来,小叶每次写作文都把房间的门关上,妈妈也就识趣地不再看小叶写作文了。

孩子虽然盼望着得到父母的表扬,但是他们对于表扬也是有要求的,而非照单全收。一开始,孩子只要得到父母的"三字经"表扬就会很开心,但是随着被表扬的次数越来越多,他们渴望得到与众不同的表扬。父母在表扬孩子的时候,切勿总是说相同的话,审美还会疲劳,更何况孩子对表扬的鉴赏呢!此外,具体的表扬可以让孩子明确自己的哪些行为是好的,值得发扬光大,哪些行为是不好的,理应进行改正。比起空洞的表扬,具体的表扬更能够强化孩子的良好表现,让孩子再接再厉,做出更好的表现。例如,父母表扬孩子早晨主动起床,孩子就会保持这个好习惯;父母表扬孩子爱干净讲卫生,每天都主动打扫房间,孩子就会把房间收拾得更加干净整洁;父母表扬孩子写作业的时候书面整洁,孩子就会更加用心,一笔一划地写好每一个字。具体的表扬在激励孩子的同时,还可以强化孩子的良好行为。

2. 表扬要及时

对于孩子做出的优秀表现,父母要第一时间表扬孩子,这样才能起到激励孩子,强化孩子良好表现的效果。如果父母不能在第一时间表扬孩子,而是过了很长时间才表扬孩子,那么孩子说不定已经忘记了自己做出了什么行为才得到了父母的表扬,这样一来,表扬自然毫无效果。有些孩子特别爱表现,那么父母还可以在孩子崇拜或者看重的人面前表扬孩子。例如,当着老师或者其他家长的面表扬孩子好的行为,就会让孩子主动保持良好的表现。

3. 表扬孩子的时候,不要只盯着结果

也要看到孩子在过程中的努力和坚持。只盯着结果,会让孩子在不知不觉间变得功利,误以为只有结果才是最重要的。实际上,在人生之中,很多事情即便努力了也未必能够获得好的结果,最重要的是要注重过程。当我们在过程中坚持努力,决不放弃,那么哪怕不能得到想要的结果,也无怨无悔。看重过程,父母还要做到原谅孩子不小心犯下的错误。孩子因为自身能力的限制,常常会好心办坏事,即出发点是好的,却因为能力不足而导致过程不圆满。例如,孩子很积极地刷碗,原本是想帮助妈妈分担家务,却不小心把水弄得到处都是。面对这样的情况,父母要表扬孩子主动做家务的行为,而不要批评孩子把水弄洒了。孩子不管做什么事情都需要有一个学习的过程,从不熟练经过练习才能变得越来越熟练。父母要理解孩子的好心,也要给孩子更多的时间去提升,更要激励孩子坚持练习。唯有做到这些方面,孩子才能做得越来越好。

4. 表扬孩子不为人知的优点

孩子会因为那些显而易见的优点得到很多人的表扬,当表扬的话听得多了,他们对于表扬也就具有了免疫力,不会再因为经常听到的表扬而心潮澎湃。父母作为最了解孩子的人，在表扬孩子的时候，可以努力挖掘孩子身上不为人知的闪光点，用夸赞的方式，让孩子把闪光点发扬光大。又因为父母与孩子朝夕相处，对于孩子在生活中不为人知的细节非常熟悉，所以父母还可以看到孩子在日常学习和生活中的突出表现，对孩子大加赞赏。表扬孩子这些方面，会让孩子感到耳目一新，也会让孩子感到更加新奇。父母要具有火眼金睛，始终致力于挖掘和发现孩子的闪光点，给孩子最好的表扬。

孩子不但需要父母的表扬，也需要父母的鞭策。不管以哪种方式表扬孩子，父母都不要忘记鞭策孩子。孩子自控力有限，很容易骄傲，也很容易自卑，父母一定要把握好表扬孩子的限度，也要掌握表扬孩子的技巧。在表扬之余，还要看到孩子的不足，激励孩子扬长避短，取长补短，同时督促孩子始终努力向上，奋发图强。

适度批评，教育事半功倍

如果说表扬孩子是大多数父母都很愿意做的事情，那么批评孩子则是大多数父母都不愿意做的事情。偏偏孩子最爱犯错误，或者出于有心，或者出于无意，孩子们总会犯各种各样的错误。也有人说，犯错会贯穿孩子整个成长阶段，是孩子成

第06章 父母会沟通，有效提升孩子的自控力

长过程中不可避免的。既然孩子总会犯错，那么父母就要学会批评孩子，但是批评也不能过度。过度批评孩子，会打击孩子的自信心，让孩子越来越自卑。明智的父母懂得掌握批评的分寸，也会积极地学习批评的各种技巧，这样才能让批评孩子起到最佳的效果。具体来说，在适度批评的前提下，还要掌握以下批评的技巧。

1. 批评要对事不对人

很多父母一旦看到孩子犯错误，尤其是在错误后果比较严重的情况下，他们马上就会勃然大怒，甚至被愤怒冲昏头脑，不但批评孩子做错的事情，还会对孩子进行人身攻击，甚至给孩子贴上负面标签。父母不知道，这么做对孩子的打击是很重的，因而大多数孩子都不能客观地进行自我评价，他们非常信任父母，就会把父母对他们的评价作为自我评价。可想而知，父母在给孩子贴上负面标签之后，孩子一定会对自己产生质疑，甚至就此自暴自弃。有些孩子逆反心理比较强，如果发现父母对他们全盘否定，说不定会改变原本很好的行为，故意与父母唱反调，故意与父母对着干。为了避免这种糟糕的情况发生，父母在批评的时候一定要坚持对事不对人的原则，就事论事，切勿在孩子犯错之后就全盘否定孩子。

2. 不要当着外人的面批评孩子

古人云，人前教子，人后训妻。这句话放在现代社会并不合时宜。人后训妻的目的是要保护妻子的颜面，而实际上，不

仅妻子很爱面子，孩子也很爱面子。所以父母在批评孩子的时候，切勿当着他人的面口无遮拦地训斥孩子。如果孩子的错误并不那么严重，父母可以等到时机合适的时候点醒孩子；如果孩子的错误很严重，而且必须马上纠正，那么父母可以把孩子从公开场合叫到私密场合，从而好好地与孩子沟通，让孩子认识到自己的错误，积极地改正。

周五放学比较早，家长们在校门口等待孩子期间，常常闲聊以打发时间。至于闲聊的主题，当然是关于孩子的事情。有的时候，孩子们出了校门，家长们意犹未尽，还是会继续聊着，而让孩子们在一旁玩耍，或者一起进行沟通。

这一天，乐琪爸爸和思彤妈妈聊得火热。原来，他们都在吐槽孩子，说着孩子的黑历史。尤其是在说起孩子的拖延问题时，乐琪爸爸和思彤妈妈更是有说不完的话题。一开始，他们都在说些孩子的糗事，气氛很愉悦。突然，思彤妈妈想起了思彤的一个非常严重的拖延错误，居然当着乐琪爸爸就开始批评思彤："思彤，我警告你，如果下次你再为了拖延写作业故意磨磨蹭蹭，我可没有耐心再等你，我会当即就把你的作业本撕掉，你也就彻底不用写了。"思彤正站在一旁和乐琪玩手机游戏呢，莫名其妙被妈妈训斥，还是当着乐琪和乐琪爸爸的面，她当即满脸通红。很快，她就提出要回家。回家的路上，思彤一直不理睬妈妈，妈妈还觉得莫名其妙！回到家里，整个晚上，思彤也不和妈妈说话。后来，思彤对爸爸说："爸爸，麻烦你转告妈妈，以后不用她接我放学了，我可以自己回家。"爸爸意识到思彤和妈妈之间一定发生了不愉快，赶紧追问情况，这才知道妈妈犯了批评的大忌。爸爸当即为妈妈指出错误，妈妈恍然大悟："难怪一路上一晚上都不理睬我呢，原来是生气了呀！好吧，我接受批评，今天的确聊得高兴，忽略了你的感受。我保证，以后再也不当着外人的面批评你了。"看到妈妈诚恳地道歉，思彤这才破涕为笑。

孩子爱面子的程度，超出了父母的想象。很多父母总是觉得孩子还小，不会生气，殊不知，孩子人小心可不小，而且孩子的自尊心还很强烈。作为父母，不管孩子犯了什么错误，都不要当着外人的面批评孩子，否则一旦伤害了孩子的自尊心，失去了孩子的信任，再想与孩子顺畅地沟通就很难了。沟通，是亲子教育的桥梁，父母一定要与孩子之间良好的沟通，这样才能了解孩子的心理状态，知道孩子真实的想法，也才能更好地关注孩子。

3. 采取三明治批评法批评孩子

很多父母一旦生气，就会被愤怒冲昏头脑，对着孩子劈头盖脸说出那些不堪入耳的话，丝毫不考虑孩子能否承受。孩子毕竟是孩子，父母每时每刻都要牢记这个事实，哪怕生气地批评孩子，也不要歇斯底里，失去理智。为了避免打击孩子的信心，父母可以采取三明治批评法。所谓三明治批评法，就是在批评孩子之前，先说说孩子优秀的表现，适度表扬孩子，然后话锋一转，说出孩子的不足，最后再次鼓励孩子要扬长避短，提起孩子的长处，也说起孩子的短处，这样让孩子的心情从被批评的压抑状态再次被扬起，从而既起到良好的批评效果，也能保护孩子的自尊和自信。

4.因人制宜，根据孩子的脾气秉性批评孩子

每个孩子的脾气秉性都是不同的，有的孩子生性顽劣，哪怕父母批评到他们的脸上，他们也不觉得有什么，说不定还会依然故我，该犯错误就继续犯错误。也有的孩子天生敏感，而且脸皮很薄。哪怕父母说一些别有用意的话，他们也能马上领悟其中的意思，有的时候，父母稍有不悦，他们就会马上反省自己。对于这样的孩子，则要坚持"响鼓不用重锤"的原则，点到即止，而不要针对一个问题反复地批评孩子，训斥孩子。

批评孩子看似寻常，实际上会对孩子的成长起到深远的影响，因而父母要更加用心，慎重地批评孩子。不管孩子犯了什么错误，父母都要牢记批评的初心，即批评是为了让孩子改正错误，而不是为了伤害孩子。只要坚持这个原则，父母就能够寻找到最适合自家孩子的批评方法，也能避免批评给孩子带来伤害。

批评孩子最终的目的，是让孩子心服口服地改正错误，而不是让孩子对父母闹意见，或者与父母所期望的背道而驰。在批评孩子的时候，父母还要避免起到相反的效果。其实，为了让孩子对于批评印象深刻，在某些特殊情况下，父母还可以采

第06章 父母会沟通，有效提升孩子的自控力

取正话反说的形式，引导孩子主动地反思自身的错误，这比直接为孩子指出错误效果更好。

陶行知先生是伟大的教育家，在教育孩子方面，他的思路清奇，做出了很多让世人称道的事情。在担任校长期间，陶行知看到一个孩子在打另一个孩子，就让打人者放学之后去办公室找他。打人的孩子很担心，放学之后，忐忑不安地去了陶行知的办公室，原本，他以为会被陶行知批评，却没想到陶行知拿出3颗糖果给他，并且说："第1颗糖果，感谢你按时来到我的办公室。第2颗糖果，我了解到你之所以打那个同学，是因为那个同学欺负女生，你充满正义，所以奖励你。第3颗糖果，希望你将来能够换一种方式解决问题，毕竟打人不好。"听到陶行知的话，打人的孩子羞愧地低下头，当即保证以后再也不打人了。这时，陶行知又拿出一颗糖果，对打人的孩子说："第4颗糖果，奖励你能够主动认识到错误，并且知错就改。"在这个事例中，陶行知正是通过正话反说的方式，让打人的孩子深刻认识到自己的错误，也积极主动地进行反省。陶行知曾经说过："要想教育好孩子，一定要认识到批评比表扬更加高深，因此要选择以合适的方式在合适的时机进行批评。批评用得好，就是一门艺术，将会产生良好的教育效果。"

很多父母都会发现，孩子越是长大，反而越不听话。他们在批评孩子的时候，常常会遭到孩子的反驳，也会被质疑。面对越来越伶牙俐齿的孩子，父母常常觉得无奈，甚至有些黔

驴技穷的感觉,因为他们已经不知道该说些什么,才能说服孩子。为何孩子越是长大,越是不愿意听从父母的劝说了呢?就是因为孩子不断地成长,自我意识越来越强,而且随着自身的能力不断增强,他们不再像小时候那么惧怕父母。在这种情况下,父母只靠着威严想要强权镇压孩子是无法达到教育效果的,必须对孩子动之以情晓之以理,把话说到孩子的心里去,才能让孩子真正心服口服。

第07章

果断放手，孩子才有机会践行自控力

父母如果总是盯着孩子，把孩子的一切事情都安排得丝丝入扣，孩子是没有机会践行自控力的。随着不断成长，孩子各个方面的能力得以增强，父母要做的是对孩子果断放手，让孩子在独立的过程中，提升自控力，践行自控力。对于孩子而言，亲身实践1次，比父母口干舌燥地说10次效果更好。

让孩子建立道德准则

孩子在什么时候建立道德准则呢？通常情况下，孩子在3岁前后会出现道德进化的现象。很多父母看到别人家的孩子很快就形成了正确的道德准则，而自家孩子却对道德懵懂无知，更不知道德为何物，不由得感到心急。其实，道德进化在不同孩子身上存在差异，是很正常的现象。根本原因在于，每个孩子接受的教育不同。在很多家庭里，父母不曾有意识地帮助孩子建立道德准则，他们只会填鸭式地把关于道德的各种知识和观念都塞入孩子的大脑中。虽然孩子的学习能力很强，但是也禁不起父母这样的填塞，一则孩子接受不了，二则孩子理解不了，三则孩子消化不了。和这些父母简单粗暴的做法不同，在有些家庭里，父母很善于引导孩子进行自我管理，也让孩子通过实践和摸索，确定自己的行为边界，确定自己的道德尺度。这些父母很清楚，要想帮助孩子建立道德准则，就必须先培养孩子的道德观念，强化孩子的道德行为。帮助孩子建立道德准则并非一蹴而就的事情，而是需要在生活中慢慢实践，耐心探索，坚持完善。其实，孩子本身就会主动地建立道德准则，父母所需要做的就是引导孩子，推动孩子建立道德准则。

孩子建立道德准则为何那么困难呢？究其原因，是孩子

第 07 章
果断放手，孩子才有机会践行自控力

对于道德并没有深入的理解，也没有明确的认知。道德与伦理问题距离孩子的生活似乎还很遥远，以孩子的认知水平，并不能对道德有明确的界定和实现。所以，如果父母把各种道德标准硬生生地强加于孩子，孩子非但不会配合，反而还有可能抵触。作为父母，应该更加注重引导孩子理解道德，也要对孩子进行监督和审核，看看孩子的言行举止是否符合道德的要求。在社会生活中，道德概念是很宽泛的，并不像法律一样有着硬性的标准和规定，也可以说，每个人对于道德都有自己的理解和定义，也有个性化的标准。父母在引导孩子建立道德准则时，要鼓励孩子养成道德习惯，从而循序渐进地建立道德准则。在此过程中，经常与孩子针对一些事情进行交流，引导孩子形成正确的人生观、世界观和价值观是很重要的。孩子道德标准的建立应基于内心真实的思想，父母要多多鼓励孩子进行思考，也要帮助孩子明辨是非。

周末，琪琪和安然一起在院子里玩耍。在玩了一会儿丢沙包的游戏之后，琪琪觉得沙包太轻，扔不远，就建议玩扔石子的游戏，安然当即表示同意。在轮到安然扔石子的时候，安然扔得太远，不小心把一楼人家的玻璃窗户砸碎了。安然当即吓得跑开了，琪琪见状也趁着一楼邻居还没有发现，跑回了家。傍晚时分，一楼邻居回到家里，看到窗户上的玻璃碎了一地，当即在院子里喊："这是谁啊，把我家玻璃砸碎了，连声'对不起'都不说，就这样跑了合适吗？"一楼邻居站在院子里喊

· 155 ·

了很久，琪琪和安然都不敢承认。邻居越喊越生气，后来索性挨家挨户敲门问。

琪琪在家里听到邻居已经问到对门了，对妈妈说："妈妈，今天我和安然在楼下扔石子，安然不小心把玻璃砸碎了，她跑开了，我也跑开了。我不知道应该怎么办，其实，是我提议扔石子玩的，因为我觉得扔沙包扔得太近了，不好玩。"妈妈得知真相并没有责怪琪琪，而是对琪琪说："虽然是安然砸碎了玻璃，但是你们俩是在一起玩的，而且还是你提议玩扔石子游戏的。如果你只是告诉邻居是安然砸碎了玻璃，安然会觉得你出卖了她。如果你能主动和安然一起承担责任，那么安然的感觉会好一些，说不定她还会感谢你和她一起分担责任，觉得你很讲义气。"听了妈妈的话，琪琪恍然大悟："妈妈，我知道应该怎么做了。"说完，不等邻居来敲门，琪琪就打开门，诚恳地向邻居道歉："阿姨，对不起，是我和安然一起玩扔石子的游戏时，不小心把你家的玻璃砸碎了。您先去修理窗户，我马上就把需要花费的钱送给您。给您添麻烦了，对不起。如果您没有时间修理窗户，我和爸爸一起去找人修理。"得到琪琪的道歉，一楼邻居这才消气，和颜悦色地对琪琪说："小朋友，砸碎玻璃没关系，但是要告诉我一下，不然我还以为家里有小偷破窗而入呢。以后，你们一定要留下小纸条，好吗？这才是勇敢的孩子！"琪琪再次向一楼邻居道歉后，就赶紧和爸爸一起去找人来修窗户了。

第07章
果断放手，孩子才有机会践行自控力

孩子在闯祸之后感到害怕，会本能地逃避责任。在这种情况下，如果孩子形成了道德意识，也接受道德约束，就会要求自己承认错误，承担责任。反之，如果孩子没有形成道德意识，也没有意识到自己的行为不符合道德规范的要求，就会把逃避责任视为理所当然。从这个意义上来说，父母很有必要帮助孩子形成道德意识，建立道德准则。具体来说，父母怎么做才能帮助孩子形成道德准则呢？

1. 不急于批评，引导孩子反思

在家庭生活中，当孩子出现行为偏差的时候，父母先不要急于为孩子指出错误，更不要不分青红皂白就批评孩子，而是要引导孩子反思自己的行为，也让孩子思考自己的选择是否合理。这就是道德教育的引导性，即引导大于灌输。很多父母误以为必须提前制订好做事情的细致标准，再让孩子按照这些标准去做，才能帮助孩子养成习惯。其实不然。道德感的产生是帮助孩子形成道德意识的根本方法，因而父母要从形而上的角度对孩子进行道德教育，然后引导孩子坚持反思自身的行为举止，直到最终形成良好的行为习惯。

2. 父母要对孩子言传身教

父母是孩子最好的老师，孩子是父母的一面镜子。父母要坚持以身示范，告诉孩子在面对很多情况的时候需要怎么做，尤其是在面对道德考验的时候，父母更是要给孩子树立积极的榜样。在父母潜移默化的影响下，孩子的道德表现会越来越好。

总之，道德准则的形成是漫长的过程，但是这并不意味父母可以延迟培养孩子的道德准则。父母要重视对孩子道德准则的培养，也要把这项任务当成家庭教育的首要任务。相信在父母的努力之下，孩子道德意识的形成会很顺利，道德准则的培养也会事半功倍。

让孩子自主制订规则

很多父母都感到纳闷，为何孩子小时候那么听话，但是随着不断地成长，却变得越来越不听话，而且越来越叛逆呢？父母所不知道的是，孩子如果始终都对父母言听计从，就不会长大。父母只要用心观察孩子的表现，就会发现孩子随着不断成长，叛逆心会越来越强，原本懂事乖巧的他们甚至会故意与父母对着干，不愿意服从父母的命令，更不愿意遵从父母的意愿。随着孩子心理和精神状态的改变，亲子之间的关系也会越来越紧张。那么，如何才能缓解孩子的叛逆心理，让孩子更愿意与父母沟通或者合作呢？父母也要与时俱进地与孩子一起成长，熟悉和了解孩子的心理状态，这样才能避免激发起孩子的叛逆心理，与孩子更好地相处。

父母与孩子之间的关系之所以日益紧张，是因为孩子在成长，父母却始终觉得孩子很小，思想意识还停留在孩子幼儿

第07章
果断放手，孩子才有机会践行自控力

阶段，因而对待孩子的方式也像对待幼儿，并没有改变。很多父母不知道的是，孩子从幼儿阶段进入儿童时期，他们的人格越来越独立，他们的主见越来越强，他们从此前愿意无条件服从父母，到现在更愿意按照自己的想法去做很多事情，因而也就渐渐背离了父母的意识，与父母的要求和命令渐行渐远。在此期间，孩子最热衷的事情就是违反家庭规则，违背父母的意愿。面对孩子的改变，父母也会觉得无所适从，感到自己作为父母的权威遭到挑战，因而内心失落，情绪暴躁，甚至主观地判断孩子学坏了，不听话了。在这种情况下，父母要改变与孩子相处的方式，不要总是试图以强权控制孩子，而是要看到孩子的成长与进步，给予孩子更大的自由空间进行自我管理。随着放权，父母会发现与孩子之间剑拔弩张的关系缓和下来，渐渐地，孩子也就愿意接纳父母了。

父母要认识到，随着孩子不断成长，父母终究会从扮演孩子生命中最重要的角色，到在孩子的生命中退居幕后。在此期间，父母要循序渐进地对孩子放手，培养孩子独立的能力，这样孩子将来才能在自己的生活中如鱼得水。期间，父母一定要做好的事情就是，帮助孩子建立生活模式，引导孩子自主制订规则。这是对孩子自控能力的培养。

皮皮9岁了，人如其名，非常顽皮，而且从不听从父母的管教，对于父母制定的各种规矩也从来不遵守。为此，父母感到很困惑，不知道要怎么做才能管好皮皮。一个偶然的机会，

妈妈参加了一场关于儿童心理的讲座。她觉得专家讲得很有道理，在讲座结束后，等了很久，才得到提问的机会。妈妈如同抓住救命稻草一般，赶紧对专家倾诉："老师，最近这段时间，我家孩子特别叛逆，明明是他愿意做的事情，只要我们说出来，他就不做了，或者故意做得很糟糕，这可怎么办呢？"对于妈妈的疑惑，专家并不意外，对妈妈说："这位妈妈，您说的情况在孩子身上非常普遍。这是因为孩子在7~9岁之间处于成长叛逆期，他们的自我意识越来越强，也就不愿意被父母指挥和命令了。建议您可以换一种方式管教孩子，如让孩子自主制订规则，孩子也许不愿意听从父母的建议，但是应该愿意服从自我管理。"听了专家的话，妈妈茅塞顿开。

回到家里，针对作息时间，妈妈让皮皮自己制订计划。皮皮惊讶地看着妈妈："妈妈，你让我自己做决定？"妈妈点点头："你长大了，对于很多事情应该都有自己的判断了，妈妈相信你可以制订合理的作息，也相信你能够执行计划。"皮皮感到受宠若惊，要知道以往妈妈除了批评他就是批评他，很少会给他机会独立做主。皮皮当即开始制订计划，他不停地修改，最终才形成一个合理的计划。当天晚上，还不等妈妈催促，他就迫不及待地开始执行计划，表现得非常积极主动。

妈妈才刚刚改变了管教皮皮的策略，效果就立竿见影。这是因为专家的建议是针对儿童的心理发展提出来的，符合孩子的心理发展特点，也能满足孩子的心理需求。面对一直在成长

第 07 章
果断放手，孩子才有机会践行自控力

的孩子，每一个父母都要适时地对孩子放手，给予孩子更大的自由空间。尤其是对于那些和孩子密切相关的事情，父母更不要急于对孩子提出要求，也不要给孩子各种限制，而是要静观孩子的自主行为。如果孩子主动做出的各种表现不能符合父母的预期，父母再提醒孩子也完全来得及。如果孩子自主的表现能够符合父母的预期，那么父母就无需多言。此外，父母还要把制定规则的权利交给孩子，毕竟对于孩子来说，不可能一辈子都接受父母的管教。孩子总要长大，离开父母的身边，脱离父母的庇护和管教，独自面对生活。孩子是否具有自控力，对于孩子的一生都将起到深远的影响。所以父母教育孩子切勿治标不治本，而是要从根本上对孩子进行引导，这样才是为孩子计长远。

很多父母都为孩子制订了各种规则，却发现孩子特别抵触，不愿意遵守规则。在这种情况下，父母强求孩子遵守规则根本没有用，与其每天唠叨孩子，引起孩子的逆反心理，不如把制订规则的权利交还给孩子。父母会发现，孩子虽然抵触父母指定的规则，但是在亲自参与制订规则时，他们的积极性和主动性明显提升，他们的自控力也有了很大的进步。这是因为孩子在参与制订规则的时候，就在心中对自己和他人做出了承诺，制订规则意味着他们愿意遵守规则。从心理学的角度进行分析，这是孩子兑现诺言的心理机制在发挥作用。举例而言，父母如果叮嘱孩子放学之后第一时间就要完成作业，孩子未必

会照做；但是如果孩子亲口告诉同学，他每天放学之后第一件事情就是完成作业，那么他就会真的那么去做。这是因为他已经把自己的行为告诉了他人，那么他就要尽量让自己的表现符合自己的所言。当孩子主动自发地说出自己要做的事情，他们不但会主动做到，还会督促身边的人也做到，因为他们把自己说出去的话当成了自己的规则。

在很多孩子心中，规则也是责任和权力的象征。正是因为如此，他们才不愿意服从他人的规则，而在有了更为强烈的自我意识之后，更愿意亲自制订规则，还很想把自己的规则推广给他人遵守。看到这里，很多父母肯定会恍然大悟：难怪孩子不愿意遵守父母的规则，难怪孩子那么叛逆！了解了孩子深层次的心理之后，父母该做的事情就是把制订规则的权力交给孩子，也给孩子机会去制订计划。在和小朋友的游戏中，孩子们都争抢着成为制订规则的老大，在家庭生活中，父母也可以把很多事情交给孩子去制订规则，完成任务。孩子的自控力与得到的自由是呈正比的，如果父母不管什么事情、什么时候都管着孩子，孩子根本没有机会进行自我管理，也根本没有机会践行自控力。

父母在把制订规则的权力交给孩子时，要注意以下几点。首先，根据孩子的年龄特点，以及孩子的自控情况，适度放手。对于孩子而言，父母如果对他们完全放任不管，他们是没有能力管好自己的。父母如果紧盯着他们，他们就没有机会管

第 07 章
果断放手，孩子才有机会践行自控力

理好自己。所以父母要适度对孩子放手，保证孩子既有足够的空间发展自控力，也能够得到父母的监管，有更出色的表现。其次，父母不仅要把制订规则的权力交给孩子，而且要以恰当的方式督促孩子遵守规则。不要急于催促孩子，而是要观察孩子自主的表现，给孩子机会展示主动性。很多父母都特别心急，动不动就催促孩子，结果非但没有起到良好的作用，反而还会激发孩子的逆反心理。真正的尊重是发自内心的，父母要陪伴孩子成长，而不是看守孩子，父母是孩子的领路者，而不是孩子的终结者。父母所做的一切都是为了让孩子未来有能力独立面对生活，这才是家庭教育的终极目标。

鼓励孩子制订计划

常言道，一日之计在于晨，一年之计在于春。这充分说明了计划的重要性。然而，在现实生活中，不仅孩子缺乏计划，就连很多成人都缺乏计划。那么，没有计划的后果是什么呢？就是做事情随心所欲，对于各种成本的消耗是随机的，只能考虑到眼前，而不能考虑到更长远的未来。尤其是对于时间的安排和掌控，更是非常糟糕，总是在不知不觉中浪费时间，总是在时间一去不返才追悔莫及。父母要有意识地帮助孩子养成凡事都制订计划的好习惯，人的一生如果没有计划，就会没有目标，而没有目标，就会失去动力。

很多父母都发现，孩子对于学习和生活毫无计划，他们或者出于完全的混乱状态，或者出于半混乱状态，看起来每天都在忙着学习，实际上却并没有太大的收获。很多孩子生活的常态就是，学习没有达到效果，休闲也没有得到满足。他们把学习和休闲混为一谈，缺乏学习计划的指引，只能充当救火员。打个比方，有计划的孩子就像是高明的医生给病人看病，有整体的治疗方案，也有条理有计划，而没有计划的孩子就像是庸医治病，头疼医头，脚疼医脚，根本没有全局治疗的概念。最终的结果是，高明的医生妙手回春，庸医却耽误了病人的病情，甚至害了病人的性命。因此，趁着孩子还小，可塑性很强，父母是想让孩子成为高明的医生，还是想让孩子成为庸医呢？

孩子是否善于执行计划，也愿意执行计划，和父母的管教密切相关。很多父母本身就没有计划，对待工作敷衍了事，家里乱得简直进不去人，东西也到处乱放，根本找不到。可想而知，在这样的家庭环境中生活，受到邋遢无序的父母潜移默化的影响，孩子也好不到哪里去。所以要想让孩子制订计划，父母首先要为孩子做好榜样。孩子会把父母的一言一行都看在眼睛里，也会模仿父母的行为。日常生活中，父母要尽量制订计划，再根据计划安排做好各种事情，这样才能给孩子积极的影响力。有些父母不知道可以在哪些方面为孩子做好榜样，其实生活中可以计划的事情很多，如去超市购物可以提前计划好购物清单，面对繁重的工作可以计划好先后顺序，当家庭里有大型集会的时候就需要计划好每项活动的流程，每个月的家庭收入与支出也需要计划。只要父母有心，也很积极地制订计划，生活就可以变得更有条理。

其次，父母要严格执行计划。计划存在的意义并不是作为一纸空文，而是要变成现实，为生活提供服务和便利。在制订计划之后，父母要按照计划去开展很多事情，在此期间给孩子带来积极的影响。学着父母的样子，孩子在制订计划之后也会积极地执行计划，享受计划带来的便利，也会收获计划带来的丰硕成果。在引导孩子制订计划之后，父母需要做的是督促孩子执行计划。有些孩子对计划3分钟热度，一开始还能很好地执行计划，后来却被一些事情打乱计划，就会彻底放弃。在制订计划时，当发现孩子把计划制订得太过严丝合缝，太过分秒不差，一定要提醒孩子在计划规定的各项事情之间留出过渡时间，过渡时间既可以用来休息，也可以用来处理突发情况。这样的计划张弛有度，有助于孩子执行，也能避免给孩子过大的压迫感。

最后，计划既要高大上，也要符合实际，才有长期坚持的基础。很多孩子一时兴起制订计划，就会犯脱离实际的错误。他们在制订计划的时候误以为自己是神，可以把苛刻的计划执行得非常完美，等到真正开始执行计划的时候，却发现自己只是个普通人，而且还是有惰性爱拖延的普通人。看到自己始终无法实现计划的目标，孩子们未免会产生挫败感，对于继续制订和执行计划失去信心。父母要提醒孩子，计划必须以现实为基础，才能起到更好的作用，也才能从一纸空文变成现实，彻底地改变生活。

自从娜娜上了三年级，妈妈每周都会给娜娜10元钱零用。对于娜娜把零花钱花在哪里，妈妈既不过问，也不干涉。一段时间下来，娜娜居然积攒了几十元钱呢！妈妈看到娜娜小有积蓄，感到很惊讶："娜娜，你怎么攒了这么多钱呢？"娜娜自豪地回答："你每周给我10元钱，我每周只花5元钱，这样每周就可以节省5元钱，1个月就能积攒20元钱呢！"妈妈由衷地赞叹："娜娜，看来你已经可以按月领取零花钱了。因为你对金钱消费有计划，能自控，这非常好。如果妈妈每个月给你60元钱零花，你能支配好吗？"娜娜激动地回答："当然，当然，我一定会做好计划的。"

很快，娜娜就把自己的零花钱计划表交给妈妈看。每周一买容易消耗的文具，花费3元钱，只是笔芯和橡皮等；每周五买1支冷饮，边吃边回家，花费2元钱。1个月总计花费20元钱。在每个月的最后一个周末，带着妹妹去超市，准备10元钱，买妹妹喜欢的零食。还有10元钱留作机动所需，购买紧急必需品。剩下20元钱用来储蓄，如果计划所需的10元钱没有派上用场，也用作储蓄。看到娜娜的计划表，妈妈非常满意。后来，随着娜娜不断长大，妈妈还把娜娜的零花钱上升到每个月100元钱！

娜娜成为了一个小富翁,在妹妹过生日的时候,还花费100元钱买了一个生日礼物送给妹妹!除此之外,娜娜舍不得乱花钱,因为她想到年底的时候,为自己买一辆自行车。

很多孩子对于金钱没有概念,他们只知道钱能买到很多好东西,却不知道父母挣钱很辛苦,更不知道钱要花在该花的地方。娜娜显然是一个财商很高的女孩,她小小年纪就有储蓄的意识,虽然妈妈给她的零花钱并不多,但是她却能够挤出一部分钱来用作储蓄。正是看到娜娜花钱很有节制,妈妈才决定从按周给零花钱改为按月给零花钱,从而鼓励娜娜制订消费计划。虽然娜娜的消费计划还很简单,但是相信娜娜从小养成了合理计划和合理消费的好习惯之后,将来长大成人,也会管理好金钱。

有些孩子的自我管理和自我控制能力很强大,他们这方面的能力并非天生的,而是在后天成长的过程中渐渐形成的。在物质极大丰富,生活条件越来越好的今天,很多孩子都不愁吃喝,对于勤俭节约和制订计划也就没有概念。不仅仅金钱和物质需要合理分配,时间和精力等资源也需要合理分配,这就是需要预先计划。在学校里,有些学霸孩子学习非常轻松,每次都能取得好成绩,有些孩子学习很累,每天都把大量的时间和精力用于学习,但是学习成绩并不好。那么,学霸孩子和普通孩子到底差别在哪里呢?就是学习计划。

好的学习计划需要用心制订,可以指导孩子们合理分配和利用时间，提升学习的效率；敷衍了事完成的学习计划也许看起来很好，真正操作起来却不能起到预期的效果，导致影响学习效果。父母要多多鼓励孩子制订计划，所谓熟能生巧，随着练习的次数增多，孩子就会从一开始制订计划丢三落四，到制订计划面面俱到。在引导孩子制订计划的时候，父母要注意，不要强求孩子必须从学习着手制订计划，对于年纪比较小且爱吃的孩子，也可以从计划食物分配开始做起。例如，孩子有了一罐巧克力糖果，舍不得吃，那么父母就可以引导孩子制订计划，比方说每天吃一粒糖果，或者工作日每天吃一粒糖果，到了周末每天吃两粒糖果。虽然这样的计划非常简单，却可以培养孩子制订计划的意识，让孩子从被动地制订计划到主动制订计划。

生活中，计划无处不在，很多事情都可以制订计划，在计划的指引下有序进行。孩子除了对吃感兴趣，还会很喜欢玩，也爱看动画片。那么，父母可以让孩子制订计划，每天玩多长时间，看多久电视，这样可以培养孩子对于制订计划的兴趣，还可以限制孩子看电视的时间，保护视力，可谓一举两得。当然，孩子毕竟还小，对于很多事情的考虑都不够全面，只要孩子的计划是没有太大的不合理之处，父母要尽量接受孩子的计划。否则，如果孩子辛辛苦苦制订好的计划被父母全盘否定了，他们一定会受到打击，说不定就不想再制订计划了。父母要保护孩子制订计划的积极性，也要激励孩子更加主动地制订计划。这样，孩子才会热衷于此，把很多事情都安排得井井有条。

　　孩子在执行计划的过程中，如果遇到困难，父母要给予孩子大力支持。对于孩子而言，执行计划获得成果，才是让他们最高兴的，也能激励他们更加积极地制订计划。如果计划并没有让孩子实现预期的成果，父母也不要着急，可以让孩子反思哪里出了问题，再改进计划。孩子不会在第一时间就制订出绝对完美的计划，作为父母，要给孩子时间去成长，也要给孩子充分的信任，支持孩子实现计划。在制订计划和执行计划的过程中，孩子的自控力会得到发展，内心变得更加强大。

给孩子存在感

　　很多父母都抱怨孩子懒惰，尤其是在看到家里不管发生什么事情，孩子都无动于衷的时候，父母更是会批评孩子把自己当成了局外人。那么，孩子这样的表现是如何造成的呢？归根结底，是因为孩子缺乏责任心，意识不到父母的辛苦，或者是哪怕意识到父母的辛苦，孩子也懒得动。为此，父母对孩子很不满意，却不知道孩子之所以这样，都是父母的骄纵宠溺造成的。

　　常言道，人无压力轻飘飘。如果孩子一直以来都在父母无微不至的关心和照顾下成长，根本不懂得生活的艰辛，那么孩子怎么可能主动承担责任呢？在家庭生活中，父母要给孩子施加一定的压力，让孩子感受到生活的分量。这样孩子才能养成承担责任的好习惯，不管是在学习中还是在生活中，都能主动地承担起责任。也许有些父母会说，家里实在没有压力需要孩子承担。其实，家里有很多事情都可以让孩子承担，例如，爸爸妈妈工作忙，可以让孩子帮忙做家务；妈妈在做饭的时候，如果孩子已经完成了作业，可以让孩子帮忙择菜洗菜；爸爸或者妈妈觉得身体不舒服，可以主动向孩子求助，让孩子端茶倒水，甚至出门买药。这些都是孩子力所能及的事情，孩子是可以做到的，也是可以做好的。遗憾的是，孩子长期接受父母无微不至的照顾，已经习惯了索取父母的爱，而丝毫没有要对父母付出爱的意识。

在生活中，他们事无巨细都需要父母照顾，他们忽略了父母也有脆弱的时候，也忽略了父母的身体情况。父母越是不需要孩子，孩子的存在感就越低。父母要想培养孩子的存在感，就要更加主动地求助于孩子，经常需要孩子。孩子感受到父母需要他们，他们就会更加积极地帮助父母做事情，也会更加积极地实现自身的价值。这个时候，孩子会一反慵懒的常态，做出各种事情来证实自己的价值。

要想激发出孩子的积极性，父母在求助于孩子的时候要讲究方式方法。很多父母习惯了对孩子发号施令，而丝毫不顾及孩子的感受，其实，这种做法是错误的。明智的父母会选择向孩子求助，这让孩子觉得自己是被需要的，自豪感油然而生。和强制性的命令让孩子心生抵触相比，请求式的托付让孩子心

第07章
果断放手，孩子才有机会践行自控力

甘情愿地为父母付出，也会感受到父母对他们的尊重和信赖。这对于改善亲子关系是很有好处的。

周末，妈妈遇到一道难题，向张子萱求教。妈妈拿着难题来到张子萱身边，说："萱萱，你可以帮妈妈一个忙吗？我在工作中遇到一个难题，怎么也解不开，我想你已经上初二了，说不定思路会比妈妈更清晰，可以帮妈妈看看吗？"听到妈妈求自己帮忙，张子萱高兴极了，连题目都还没有看呢，就迫不及待地表态："好的，妈妈，就把难题交给我吧，我一定完成任务。"看到张子萱这么积极，妈妈也很开心。她把难题交给张子萱，对张子萱说："那我就先去厨房里忙活，不打扰你了。你如果需要讨论，再来找我。"

平日里，张子萱遇到难题就想放弃，很少有耐心坚持做完，这一次他却一反常态，把自己关在书房里整整一个小时，才兴高采烈地拿着题目去找妈妈："妈妈，妈妈，我解答出来啦！"妈妈认真看完张子萱的解答，由衷地竖起大拇指："子萱，你可真厉害，这道题目妈妈想了很久，都没有解答出来呢！看来，你以后有成为会计师的潜质。"得到妈妈的表扬，张子萱高兴极了。后来，妈妈经常借助工作的名义，请教张子萱一些难题。张子萱的脑筋越用越灵活，再也不害怕解答难题！

很多孩子都盼望着长大，因为他们很想做一些有用的事情。其实，孩子即使还没有长大，也可以做一些力所能及的事情帮助父母。面对如同"小大人"一样的孩子，父母千万不要

舍不得，而是要多多历练孩子，这样才能满足他们的心愿：做一些事情证明自己，得到父母的表扬。例如，在超市购物之后，可以让孩子帮忙拿一些比较轻的东西；家里大扫除的时候，让孩子负责扫地；做好饭菜之后，让孩子负责摆放隔热垫和碗筷。很多父母都担心孩子什么也做不好，不是因为孩子真的做不好，而是因为父母从来不给孩子锻炼的机会。也有些父母怕孩子给自己添乱，就不由分说地压制孩子，并且严厉告诫必须等到长大之后才能做很多事情。在父母这样的教育方式下，孩子原本满怀热情想要做好更多的事情，却被浇灭了。明智的父母从来不会这样打击孩子的积极性，而是会多多鼓励孩子，也全力支持孩子。

在帮助父母分担家务，做力所能及的事情时，孩子才会渐渐地拥有责任感，也会产生存在感。父母要珍惜孩子责任感的小苗，用心地呵护责任感的小苗成长，而切勿打击孩子。既然每一个孩子都渴望得到父母的认可，作为父母，当然要给予孩子更多的机会，让孩子好好地表现。

教孩子学会移情，满怀感恩

孩子缺乏自控力，很容易给身边的人带来伤害，这是因为孩子受到冲动情绪的驱使，会做出一些过激的事情，如不假

第 07 章
果断放手，孩子才有机会践行自控力

思索地说出过分的话，或者在冲动之下打骂他人等。很多父母都意识到要培养孩子的自控力，却并没有掌握有效的方法。其实，要想让孩子能够设身处地为他人着想，更加理解和体谅他人，从而控制自己的言行举止，父母就要教会孩子移情，让孩子对于身边的人充满感恩。

很多孩子都在父母的宠溺和疼爱中形成了以自我为中心的思维模式，他们不管考虑什么问题都从自己的角度出发，很少考虑到他人的需求和感受。长此以往，孩子会越来越任性、自私，人际交往也会出现很大的问题。不懂得考虑他人的孩子，还缺乏感恩之心，因为他们只顾着满足自己的需求，而对他人的付出不以为然。要想改善这种情况，父母必须教会孩子移情。

日常生活中，很多父母都教育孩子要懂得礼貌，也会要求孩子遵守规矩，尊重长辈，与小朋友在一起和睦相处。但是孩子却依然故我，经常会和小朋友之间发生矛盾，还常常会对长辈发脾气。看到孩子恶劣的表现，父母常常感到奇怪：我已经要求孩子必须改善言行举止了，孩子为何还是这么任性和蛮横无理呢？孩子的行为始终得不到改善，是因为父母不懂得儿童心理学。孩子的一切自控行为，都要建立在情感认知的基础上，也就是说，孩子必须从情感上意识到自己的行为是否合理，是否会给他人带来伤害，才会在冲动做事情之前认真思考自己的行为是否合宜。在精神分析学领域，对移情的解释是，一个人能够把个人的主观情感转移到客观事物上，也能够把自

己接纳的多个情绪体验投射到他人身上，这样他才能更加了解他人的情绪和感受。

孩子如果具有移情的能力，就可以理解他人的情绪和感受，也就可以明白他人的用心良苦。在此基础上，孩子就能学会控制自己的言行举止，从而避免伤害他人。当然，对于情绪的控制能力差，并非孩子故意为之，而是由孩子的身心发展特点决定的。孩子还小，对情感认知不足，而且并没有形成移情的能力，所以在面对很多情感问题的时候，他们就非常自我，即主观意识很强。为了弥补孩子这方面的不足，父母更要注重培养孩子的移情能力，这样才能帮助孩子进行情绪管理，也才能帮助孩子增强自控力。

作为单亲妈妈，张妈生活得非常艰难。她没有文化，只能从事清洁工作。每天早晨天不亮，她就骑着垃圾车去负责的街道，一边捡起垃圾，一边逐段清扫道路。这么多年来，她起早贪黑，辛辛苦苦，才把孩子抚养长大。丈夫去世时，孩子才6岁。如今，孩子已经16岁了，张妈也已经从一个30多岁的年轻妇女变成了中年大妈。然而，她省吃俭用供养儿子读书，儿子却总是嫌弃她。

这不，高一才开学，学校里召开家长会。张妈的儿子学习成绩很不错，所以张妈并不发愁开家长会，反而还盼望着开家长会呢。然而，就在开家长会的前几天，儿子对张妈说："妈妈，我已经和老师请过假了，开家长会你就不用去了。"

第07章
果断放手，孩子才有机会践行自控力

张妈听到儿子的安排，当场就愣住了："为什么？我有时间去的呀！我加紧扫地，早一点收工就赶得上。"儿子不屑一顾地说："我知道你赶得上，是我不想让你去学校丢人现眼。你看看，别人家的家长，不是开着宝马就是开着奔驰，最不济也能开辆雪佛兰。你呢，难道骑着垃圾车去吗？而且，我不想让同学们知道你是清洁工。初中的时候，同学们都嘲笑我，好不容易升入高中，没有人认识你，你就给我留点儿脸吧！"儿子话音刚落，张妈的眼泪簌簌而下。次日正好是周六，张妈没有和以往一样给孩子做好早饭才出去工作，而是一大早就把孩子喊起来，对孩子说："孩子，这十几年来我起早贪黑地扫大街，从来没有让你早起过一次。如今你也16岁了，都上高一了，该看看你妈妈是怎么工作的了。"虽然儿子很不乐意，张妈还是把儿子带着一起去工作。虽然是炎热的夏天，但是清晨还是很冷的，街道上冷冷清清的，连个人影都没有，路过的小区偶尔有一两户人家亮着灯，大多数人家都黑灯瞎火的，人们肯定睡的正香！因为怕影响人们休息，张妈先用长长的夹子四处捡垃圾，儿子嫌垃圾脏，不愿意帮忙，就跟在后面看着。等到天亮了，太阳升起来了，张妈才开始拿起扫帚清扫街道。她扫了一条又一条街，儿子始终跟在她的身后。整整一个上午过去，张妈才拿出从家里带的一个冷馒头和一杯冷水，开始吃饭。儿子看着妈妈艰难地吃着馒头，问妈妈："妈，你怎么不夹点儿菜在里面呢？或者煎个鸡蛋夹着也行啊。"张妈说："我每个月的薪水只有两千块。除了供你读书,家里只有五六百的生活费。一斤鸡蛋只有七八个,每天一个够你吃一个星期的,我不吃。"儿子眼眶湿润了:"那你至少也可以夹点儿咸菜啊!"张妈说:"咸菜留着晚上吃,一顿吃白馒头,一顿吃咸菜,挺好。"儿子忍不住泪流满面:"妈妈,下午可以休息一会儿了吧。你已经干了五六个小时了。"张妈说:"下午还有这么多活儿要干,我中午从来不休息,这样才能赶回家给你做晚饭。"儿子羞愧地对张妈说:"妈妈,我错了,我不该觉得丢人。您一个人辛辛苦苦抚养我长大,您辛苦了。"张妈语重心长地说:"孩子,我辛苦没关系,但是我希望你不要觉得我丢人。我是没有本事,但是我没偷没抢,靠着努力养育了你十几年。接下来,你还要读高中,还要上大学,难道就不认我这个妈妈了吗?"儿子嚎啕大哭,从此之后,他再也不嫌弃自己的妈妈了。

对于没有亲身经历的事情,孩子很难产生共鸣。事例中,对于含辛茹苦抚养自己成长的妈妈,儿子并不知道感恩。他还不顾妈妈的感受,剥夺了妈妈参加家长会的权力。常言道,子不嫌母丑,狗不嫌家贫,如果孩子现在就开始嫌弃妈妈,将来有朝一日他考上大学,还能记得自己的妈妈是谁吗?当然,这与妈妈过度疼爱孩子,凡事都不让孩子去做,有很紧密的关系。孩子的体验越少,移情能力就越差,自然也就会缺少感恩之心。父母要想培养孩子的感恩之心,切勿过度疼爱孩子,而是要让孩子真正看到父母的辛苦,也切实感受父母支撑起家庭

第 07 章
果断放手，孩子才有机会践行自控力

的艰难。这样，孩子才会有更深刻的感受，也才会真正地理解和体谅父母，感恩父母。

很多父母都特别看重孩子的学习，认为孩子需要学习的知识很多，却在无形中忽略了对孩子精神的引领和情感的渗透。每一个孩子必须先成人，才能再成才。如果没有优秀的品质为人生奠基，如果孩子对于辛苦抚养自己成长的父母都不知道感恩，那么他们就不是一个合格的人，更不可能成为一个优秀的，有血有肉感情充沛的人。

为了培养孩子的移情能力，除了要让孩子亲身体验父母的生活之外，父母还有其他的方法可以使用。例如，父母可以和孩子进行角色扮演游戏，这样孩子就有机会体验不同的角色，丰富自身的感受；父母还可以把自己的感受告诉孩子，很多父母抱怨孩子不理解父母的辛苦，其实是因为父母从未告诉过孩子他们有多么辛苦。人与人之间要想加深理解，感情融洽，就需要坚持沟通。作为父母，要更加积极主动地与孩子沟通，不要担心孩子不能理解父母的辛苦，也不要为了保护孩子而把所有的艰难都扛起来，必要的时候，父母要把自己的辛苦疲惫和无奈等都告诉孩子。因为孩子长大了，有必要知道父母的辛苦，也有必要知道父母的艰难。孩子的人生不可能总是轻飘飘的，他们一定会承受生命的压力，与其让孩子从小就在父母全方位的保护下成长，不如适时适度地让孩子承受压力，这样孩子才能更好地理解他人的辛苦，拥有感恩之心。

第08章

父母一定要做的事，帮助孩子自我管理

教育孩子从来不是简单容易的事情，每一个父母都要在教育孩子的道路上摸索着前行，才能从茫无头绪，到找到一点点眉目。尤其是在培养孩子的自控力方面，父母更是要有足够的耐心，也要做好必须做的事情，才能有效地培养和发展孩子的自控力，帮助孩子更好地自我管理。

发展孩子的自主性

很多父母误以为孩子还小,不需要过多关注孩子的心理健康和情绪健康。而实际上,幼儿阶段对孩子非常重要。在3岁之前,孩子会完成人生中很多重要的发展。所以父母不要觉得3岁之前的孩子只需要满足吃喝拉撒等基本的生理需求即可,而是要更加关注孩子的心理与情感发展。从1岁半之后到3岁之前,孩子会从外部控制发展到内部控制,这意味着他们的自主性得到发展。完成了这个阶段的发展之后,孩子的自主性会更强。如果孩子在1岁半之前已经形成了对世界的基本信任,也产生了微弱的自我意识,那么孩子从1岁半就会开始形成自己的判断,与此同时,他们对父母的判断会感到怀疑,而不会全盘信任。

也许有些父母会说,孩子的自主性越强越不听话,这有什么好的呢?从儿童心理学的角度来说,孩子只有具有较强的自主性,才能勇敢地表达自己,从而学会自我约束。在对自我的约束力不断增强的过程中,孩子自我管理的能力得到提升和增强,所以他们不再仅仅依靠外部力量来约束和控制自己,而是会自发地产生力量,自我管理以内部控制为主。这意味孩子已经基本具备自我控制能力,他们在成长的道路上往前走了一大步。具体而言,父母应该如何培养孩子的自主性呢?

1. 给孩子更多的自由

很多父母在教育孩子的过程中陷入了误区，他们觉得要想让孩子更听话懂事，就必须严格管理孩子。事实恰恰相反，父母要先放手，给孩子更多自由的空间，放松对孩子的限制，孩子才有机会进行自我约束，也才能在此过程中提升自我管理的能力。对于孩子而言，适度的限制是必要的，这是因为孩子的自控能力还很弱，无限制的自由对于孩子而言是很危险的。孩子1岁半前后，正是发展自主性的好时机。在此阶段，父母要给孩子设置适度的限制，让孩子在做出不当的举动后感到羞愧，也会对自己不当的行为感到怀疑。从某种意义上来说，这个阶段的限制也相当于为孩子建立规则。这可以帮助孩子确定行为边界，也可以让孩子在规则限定的范围内享受充分的自由。和没有行为边界的限制，不知道可以做什么与不可以做什么相比，孩子在规则范围内享受自由，会让他们觉得更安全。

2. 接受孩子说"不"

记得曾经有一本书，名字就叫《可怕的2岁》。为什么说两岁很可怕呢？是因为在两岁前后，孩子的自我意识觉醒，也把自己与外部世界进行了准确区分，所以他们很想捍卫自己的权利，对于外界所说的一切，都会不假思索地说"不"。对于孩子不分青红皂白的反抗，很多父母都会感到抓狂，尤其是面对越来越不听话的孩子，他们简直不知道怎么办才好。实际上，对于两岁的孩子，要想更好地教育他们很简单，即接受孩子说

"不",对于孩子自我意志的体现,父母也要给予理解和接受。

两岁的孩子,表现出独立生命个体的明显特征。他们从完全依赖于父母生存,到能够自主地展开行动;从凡事都都要征求父母的建议,到有了自己的主见,想要按照自己的意志去做很多事情;从被动地接受外界,到想要控制外部世界。他们的进步是巨大的,与此同时,父母与孩子的相处也出现了很多新的问题。父母最需要做的就是,跟上孩子成长的脚步,与孩子一起成长。

面对孩子说"不",父母要感到欣慰,因为这是孩子成长的标记之一。有心理学家认为,两三岁是宝宝叛逆期。父母不由得释然:原来,才两三岁的宝宝,就已经开始叛逆了,怪不得孩子越来越不听话呢!宝宝叛逆期会持续到三四岁,在此期间,父母要引导孩子表达自我意识,这能够帮助孩子学会自我控制。

3.给孩子机会自主地做事情,提升孩子的自我管理能力

婴儿时期,孩子就会表现出一定的自主性,是因为他们开始认识到自身的力量,也尝试着控制外部世界。随着孩子不断成长,他们的能力会越来越强,父母要抓住时机,培养孩子自己吃饭,自己穿衣服,自己洗漱。看到自己可以做那么多事情,孩子会感到很新奇,也很愿意这样快速成长。反之,如果孩子没有在特定的阶段完成能力的习得,当发现自己比起同龄人明显退步时,他们就会怀疑自己,也会产生自卑。由此

第08章
父母一定要做的事，帮助孩子自我管理

可见，父母如果总是代替孩子去做很多事情，非但不是在帮助孩子，反而会限制孩子的成长，使孩子的成长滞后，也会打击孩子的自信心。父母要给孩子机会，让孩子做出合理的自主选择，与此同时，还要减少对孩子的的限制，给孩子适度的自由。当孩子能够独立地面对很多事情，也可以做出正确的选择时，孩子就在自主性的道路上前进了一大步。

每一个父母教育孩子的终极目标，都是希望孩子能够独立自强，希望孩子能够早日成长。然而，孩子的成长是一个漫长的过程，需要父母的耐心陪伴，需要父母的精心培养。明智的父母不会总是限制和禁锢孩子，而是会给孩子更多的自由，让孩子发展自主性与独立性。尤其是在幼儿阶段，如果孩子的自主性得到发展，就会更加坚强独立，也会有更好的成长表现。

在培养孩子独立性与自主性时，父母可以从培养孩子独立自主的行为着手，先训练孩子具备生活自理能力，再培养孩子具有独立的精神。前者需要父母放手让孩子去做很多事情，让孩子经历熟能生巧的过程，后者需要父母多多与孩子进行沟通，滋养孩子的心灵。

每天孩子从学校放学回家，父母可以问问孩子在学校里有什么开心的事情可以分享，还可以每日针对一个新闻话题进行讨论，这些都能激发孩子的思维，让孩子更加积极地开动脑筋，也渐渐地形成独立的思想意识。在此过程中，父母还可以和孩子进行感情交流，加深感情。

引导孩子主动顺从

在孩子的成长过程中，是先天的因素起到更大的作用，还是后天的教养起到更大的作用呢？对于这个问题，心理学家们进行过很多次讨论，总是各执一词，观念很难达成一致。也有些心理学家认为，先天因素和后天教养协同作用，对人的发展和成长起到长远的影响。虽然天性会影响孩子的自控力发展，但是孩子的自控力却不是与生俱来的，而更多地受到后天环境因素的影响和作用。

婴儿刚刚出生的时候，并没有自控的意识，更没有自控的能力。他们只想满足自身的生理需求，诸如吃喝拉撒等基本的生理需求。在这个时期，父母也会更多地关注孩子的生理需求，而在无形中忽略了孩子的心理需求和情感需求。明智的父母会从很早的时候，就开始培养孩子的自控力，而且根据孩子在不同阶段身心发展的特点，有的放矢地培养和发展孩子的自控力。对于不满一岁的孩子，父母要教会孩子放弃，这是为未来发展孩子的自控力奠定基础。对于超过一岁的孩子，父母要重点培养孩子的忍耐力，也可以对孩子进行延迟满足的训练，这相当于是把自控力的种子播种在孩子的心中。随着孩子自控力不断增强，孩子的内心越来越强大，他们开始出现主动自控。

曾经有心理学家带领团队针对孩子们的顺从行为进行研究，最终得出"约束性顺从，才是主动顺从"的结论。为何说约束性顺从才是主动顺从呢？所谓约束性顺从，意味着孩子能够接受父母所提出的规则和要求，也说明他们对规则和要求的适应性很好。以此为基础，孩子才能发展成主动顺从，更好地进行自我管理。虽然前文说孩子太过听话不是好事情，不听话正是孩子成长的表现，但是让孩子适度听话，接受父母的规则，是很有必要的。

费宁3岁了，特别贪心，很难控制住自己，也不接受父母的约束和控制。例如，费宁很喜欢吃糖，每次看到糖果，虽然爸爸妈妈限制费宁只能吃两块，但是费宁总是不能停下吃糖的节奏，常常吃了一块又一块，吃个没完没了。有一天，费宁突然说牙疼，爸爸妈妈赶紧带着费宁去看牙科，这才知道费宁有好几颗蛀牙。医生给费宁治疗牙齿，费宁哭得很厉害。才结束治疗，费宁又哭喊着要吃糖，妈妈只好吓唬费宁："牙齿都被虫子吃坏了，你还敢吃糖吗？要是吃糖，过段时间还得来医院治疗牙齿。"费宁被妈妈吓住，不敢出声，但是恐吓的作用非常短暂，过了没多久，费宁又开始要糖吃了。妈妈不想总是吓唬费宁，又无法有效地控制费宁吃糖，这可怎么办呢？

在这个事例中，费宁并没有形成约束性顺从，所以才会对于爸爸妈妈的规定毫不在意，依然吃很多的糖果。这直接导致费宁缺乏自控力，不能进行自我管理。要想改善费宁缺乏自控力的情况，父母首先要帮助费宁进行约束性顺从，其次才能发展费宁的自控力。这就需要父母在费宁面前树立权威，或者让费

·185·

宁参与规则制订，这样费宁才会更愿意接受规则，遵守规则。

在形成约束性顺从后，首先，父母要引导孩子发展自我调节。自我调节是孩子主动顺从的前提。儿童心理学家克莱尔·考普认为，孩子必须能够引导自己的行为进行独立的举动，才能进行自我控制。在此之前，父母对孩子进行约束和管教，帮助孩子建立行为模式，可以帮助孩子在生命早期发展自我调节。具体来说，父母对孩子的约束性行为很常见，例如，孩子要触碰电源，父母可以告诉孩子"宝贝，危险，别碰电源"；孩子要触碰热的东西，父母要告诉孩子"烫手，危险哦"；孩子要独自下楼玩耍，父母可以告诉孩子"外面有坏人，你还太小呢，等妈妈忙完家务带你出去玩"……在父母的叮嘱中，孩子对于危险会有更清楚的认知，也就能够顺从父母的约束。在此过程中，孩子的自控力得到初步发展。

其次，在孩子两三岁前后，父母要进一步培养孩子的自控力。此前，孩子只在父母在场的情况下坚持自控，在这个阶段，哪怕父母不在场，孩子也应该能够顺从父母的规则，表现出约束性顺从。这说明孩子的自控力得到了增强。

最后，父母要为孩子营造充满安全感的生存环境。具体来说，父母要积极地回应孩子，要给予孩子更多的关爱，这些都能促使孩子做出约束性顺从的行为，也有利于发展孩子的主动顺从。父母要在孩子面前树立权威，对于孩子的表达要积极回应，如对孩子保持微笑，再如，适度满足孩子的要求等。此外，在希望孩子按照父母所期望的去做时，父母无须对孩子下达命令，而是可以给孩子提出中肯的建议。这样一来，孩子不会感觉到自己被强迫，反而更容易接受父母的命令，实现父母的希望。在给孩子提建议的时候，父母还可以为孩子提供两三个选项，这样可以增强孩子的控制感，让孩子觉得他们是有权力做出选择的，也是得到父母尊重的。精神上的需求得到满足之后，孩子会更主动地自控。

教会孩子遵守承诺

心理学家经过研究发现，人有一种特殊的心理，即承诺一致。在承诺一致心理的影响下，人们一旦做出承诺，就会督促自己实现承诺，否则他们会感到内心空虚，也会觉得无法向自己交代。正是在这种心理机制的驱动下，人的行为也有了相应的改变。承诺会驱使人们发挥力量，采取行动，兑现承诺。如果父母想增强孩子的自控力，就应该教会孩子遵守承诺，使孩子不管在什么情况下，都能坚持做到言必出，行必果。这样一来，即便父母不坚持督促孩子兑现承诺，孩子也会主动自发地兑现承诺，在此过程中实现对自我的管理与控制。

人人都有言行一致的欲望，孩子也是如此，这种欲望被心理学家看成是驱动行为的重要动力之一。在绝大多数情况下，言行一致都具有很大的价值，所以父母要从小培养孩子言行一致的习惯，这样孩子一旦做出承诺就会主动去做。又因为言行一致符合孩子的心理需求，所以孩子很容易养成言行一致的习惯。曾经有人说，言行一致是一种和谐，而且使人感到兴奋。在孩子兑现自己的承诺之后，孩子会感到很兴奋，也会很有成就感。社会心理学家经过研究发现，人能做到言行一致的根本力量就是承诺。一个人一旦主动做出承诺，那么就会承受巨大的压力。这种压力一方面来自于外界，人们在做出承诺后，很担心自己的行为在外界的监督下曝光；另一方面来自于自己的内心，因为人都想维护自己的良好形象，那么就只能让自己的行为与形象保持一致。在双重压力下，即使没有人督促，人作为个体也会驱使自己做得更好。

每一个承诺，都是压在人们身上沉甸甸的责任；每一份承诺，都能体现出人们的责任心。让孩子养成信守承诺的好习惯，也是在培养孩子的责任心。虽然在兑现承诺的过程中会经历很多的困难，但是孩子收获的成果必然也是丰硕的。父母要想让孩子信守承诺，就要给孩子做好榜样，在孩子面前保持言行一致。哪怕付出代价，也要遵守对孩子的承诺，从而给孩子积极的作用力。

如何才能让孩子始终坚持承诺呢？最关键的在于，让孩子先做出小承诺，兑现小承诺，再让孩子做出大承诺，并予以兑现。很多父母急于求成，恨不得一下子就让孩子成龙成凤。殊

第08章
父母一定要做的事，帮助孩子自我管理

不知，面对过高的要求，孩子如果不管多么努力都无法实现，那么就会产生挫败感，就会因为自卑而彻底放弃努力。这是很糟糕的。明智的父母不会用如同大山一样的要求沉甸甸地压在孩子身上，而是先引导孩子做出小承诺，再让孩子做出更大的承诺。这样一来，在兑现小承诺的过程中，孩子各方面的能力到发展，信心也得到增强，就更能够实现大承诺。在心理学上，这符合登门槛效应。所谓登门槛，就是说在想求别人帮一个大忙的时候，可以先请求他人帮一个小忙，然后再提出大的要求。把登门槛效应运用在教育中，很容易引导孩子做出顺从行为，也把原本"不听话"的孩子调教得越来越听话。

当孩子决定做出一个很大的承诺时，为了让孩子有足够的力量言行一致，父母可以为孩子举行一个小小的仪式，如让孩子当众承诺，或者让孩子签订承诺书等。这可不仅仅只是搞形式主义，而是为了增强孩子的言行一致动力。对于孩子做出的承诺，见证人越多，孩子也就越是能够管理好自己，让自己积极地兑现承诺。反之，如果孩子所谓的承诺只是对自己做出的，那么一旦在过程中遇到困难，他们很容易说服自己放弃。总之，培养孩子遵守承诺并不容易，父母既要从自身做起，也要从各个方面提升孩子对于承诺的重视程度，增强孩子兑现承诺的动力。

增强孩子规则意识

如今,越来越多的父母盲目地崇尚赏识教育,他们对孩子不加任何约束,而是放任孩子自由自在地成长。不得不说,这样的教育方法是绝对错误的。虽然父母的爱与自由是孩子成长的养料,但是孩子的成长之中不能只有爱与自由,也要有规则。毕竟孩子将来要走上社会开始生活,要适应社会中条条框框的约束和限制。这个世界上根本没有享有绝对自由的人,孩子也不应该例外。那么,父母应怎样培养孩子的规则意识呢?

1. 要为孩子制订规则

很多父母觉得孩子还小,不应该被约束和限制,否则就不利于身心发展,因此对孩子放任自流。其实,孩子即使很小,也应该被规则约束。只有在规则允许的范围内,孩子才能获得安全感,才能享受更大的自由。

2. 父母要给孩子做好榜样,教会孩子遵守规则

不得不说,规则与人的本性是相违背的,人的本性都崇尚自由,热爱自由,不愿意受到任何约束。偏偏遵守规则要以牺牲绝对的自由为代价,所以父母在制订规则之初,孩子会感到很不适应,甚至会对抗规则。这个时候,父母不要急躁,也不要批评孩子,而是要耐心地引导孩子适应规则的存在。渐渐地,孩子看到父母一直在遵守规则,也习惯了规则的存在,就会在规则允许的范围内更好地享受自由。

3. 让孩子承担不遵守规则的责任

不遵守规则，看似是扰乱了各种秩序，实际上还有可能害了自己。例如，一位爸爸为了逃票，翻墙进入动物园，却不慎坠入虎山，结果被老虎活活咬死。动物园的门票虽然不便宜，但是爸爸只给妻子和孩子买了票，自己却选择翻墙进入动物园的行为是绝对错误的，既给孩子造成了不好的影响，也失去了宝贵的生命，令人叹息。

作为父母，当然不允许这样的悲剧发生在孩子身上，那么就要从小培养孩子的规则意识，告诉孩子一定要遵守规则。尊重规则，不但是在尊重他人，也是在保护自己。孩子具有规则意识，将来长大成人也会受益。

从自控力的角度而言，那些缺乏规则意识不愿意遵守规则的孩子，自控能力往往很差。在幼儿园的课堂里，总有些孩子坐得端端正正，能与老师配合好进行课堂活动，但也总有极少数或者极个别孩子无视课堂纪律，不管老师在说什么，只是自顾自地玩耍，随意地走来走去。甚至进入小学中低年级阶段，也有些孩子会无视规则，甚至挑战规则。如今，大多数父母都很重视孩子学习，那么就要引导孩子适应规则，遵守规则。这不但有利于孩子的成长，也有利于孩子在学习方面取得更大的进步。

还有些父母，本身就不遵守规则，可想而知这对孩子的影响是多么糟糕。在孩子成长的过程中，父母虽然需要循序渐进地对孩子放手，给孩子更大的自由空间成长，但是却不能彻底对孩子的成长不管不问。父母既要尊重和顺应孩子的天性，因势利导地帮助孩子成长，也要加强对孩子规则意识的培养，让孩子在尊重规则和遵守规则的基础上，享受真正的自由。

在家庭教育中，父母在为孩子制定规矩的时候，切勿各抒己见，而是要达成一致，再向孩子宣布规则。很多年轻的父母因为教养观念不一致，经常会发生冲突，也有些年轻的父母没有时间亲自抚养孩子，会把孩子交给老人抚养。这样一来，孩子就会面临双重甚至多重规则，在家人各抒己见的状态中感到非常迷惘。在一个家庭里，不管爸爸妈妈谁负责全职带孩子，或者是保姆或者老人帮忙带孩子，都要达成一致。即使有分歧，也要避免当着孩子的面争执，可以选择背着孩子商讨，达成一致再去贯彻执行。如果看到正在带孩子的人某些言行举止不当，那么不要当即当着孩子的面指出来，而是要在孩子不在场的时候再与对方沟通。否则，孩子就会钻成人的空子，利用成人意见不一致的现实情况，为自己谋求便利。

在家庭生活中，很多规则都应该适用于全家。有些父母要求孩子早早睡觉，自己却熬夜玩游戏；要求孩子早起，自己却睡到日上三竿才磨磨蹭蹭地起床。这样一来，孩子看到父母的行为表现，怎么可能积极地遵守规则呢？父母要成为孩子的榜样，对孩子起到示范作用，才有资本去管教孩子，约束孩子必须遵守规则。

第08章
父母一定要做的事，帮助孩子自我管理

在制订规则的时候，为了让规则更合理，也为了让孩子主动遵守规则，父母还可以邀请孩子一起参与制订规则。对于自己提出来的规则，孩子会产生类似于做出承诺的感觉，他们为了言行一致，会主动遵守规则。相反，对于父母制订的规则，孩子或者觉得不合理，或者故意和父母对着干。邀请孩子一起制订规则，还能表现出父母对于孩子的尊重和认可。总之，这是一个非常巧妙也卓有成效的好方法，父母可以多多利用。

相信在父母的努力之下，孩子一定会渐渐地形成规则意识，也养成遵守规则的好习惯。

孩子还小，在各个方面都有很强的可塑性。很多孩子之所以缺乏规则意识，也不愿意遵守规则，就是因为父母忽视了对孩子进行规则的教育。

只要父母坚持对孩子提出规则要求，也想方设法地引导孩子遵守规则，孩子就得够表现得更好。当然，规则是死的，人是活的。随着不断成长，孩子对于规则也许会产生反感情绪，这是因为孩子的自我意识与叛逆心理都越来越强。在这种情况下，父母不要请求孩子必须如同机器人一样听从命令，执行命令，而是要适时地放松对孩子的要求，给孩子更大的空间去自由发挥。

教育孩子，必须宽严并济，既对孩子提出要求，也给孩子自由，才能让孩子心服口服，从顺从父母到主动执行自我管理。

· 193 ·

辅助孩子磨炼意志

去年初春的一个深夜,在上海卢浦大桥上,发生了一件令人悲伤的事情。一个十七岁的少年,因为在学校里和同学发生矛盾,在回家的路上被母亲训斥,从母亲停留在滚滚车流中的汽车里飞奔而出,跳桥身亡。事已至此,我们无从得知这个孩子与同学之间因何发生矛盾,也不知道他与母亲在车上到底发生了怎样的争执,一个如日初升的鲜活生命就这样坠落,令人扼腕叹息。监控录像显示,当时大桥上车流很多,母亲打着双闪,把车停在车流之中。而且当时是在深夜,视线并不好,这意味着后车随时都有可能造成追尾事故。车停下之后,这位母亲还从驾驶座上下来,拉开了后排座位的门,不知道对着孩子说了什么。后来,这位母亲又回到驾驶座,但是车辆并没有启动,片刻之后,孩子就拉开车门,横穿过车流,决绝地从桥上跃下。母亲紧跟其后追着,指尖似乎已经触摸到了孩子的衣服边角,但是却没有拉住孩子。看到孩子纵身而下,这位母亲瘫坐在栏杆下捶地痛哭。如果知道事情会发展至此,她还会冲动地把车停在桥上,训斥孩子吗?然而,悲剧已经发生,逝去的生命不会再回来。

造成这个悲剧的原因,一则是母亲太过冲动,二则是孩子承受挫折的能力很差。现代社会,有很多孩子都有着玻璃心。他们从小无忧无虑地成长,一旦走出家庭,走入学校,也走入社会，就会面对很多的不适应。老师不像父母，会无限度骄纵孩子；同学不是亲人，不会无原则地包容孩子；学习竞争的压力很大，实力相当的同学们你追我赶，形成角逐之势……一切的一切都在表明，孩子快乐的童年时光结束了，接下来，他们不得不面对残酷的现实社会，不得不接受各种各样的挑战，承受各种不期而至的打击。然而，孩子们做好准备了吗？他们并没有。不仅孩子们没有做好准备，父母们也没有做好准备。看到孩子一年级的考试成绩很差，根本不像在幼儿园里那样人见人爱，孩子还没有任何反应，父母就已经感到失落了；看到孩子平日里一起玩耍的小伙伴都有特长，或者在运动会上英姿勃发，或者在学校的联欢会上大展歌喉，父母们未免感到心急：为何只有我家孩子什么都不会，什么都不出彩，连跑个步都没有别人快呢？曾经，在父母心中，自己家的孩子是最优秀的，天下第一，无人能比。现在，在父母心中，自己家的孩子一无是处，天下倒数第一，和谁比也比不过。面对山外有山、人外有人的现状，父母一定要摆正心态，接受孩子的普通和平庸，这样才能避免给孩子过大的压力。

与此同时，父母还要改变教育的策略，让孩子接受挫折，必要的时候，还可以创造挫折让孩子承受。在这个世界上，没有任何人可以一帆风顺、无忧无虑地度过这一生，孩子在父母的庇护下也许可以度过顺遂如意的童年，但是他们终究要面对残酷的现实，要接受各种各样的挑战，要承受突然来袭的不如意甚至是沉重的打击。所以父母切勿忽略对孩子进行挫折教育，也许在人生中很多困顿的时刻，恰恰是曾经承受的挫折让孩子能够从逆境中崛起，鼓起信心和勇气，绝不放弃地战胜逆境。

看到孩子失败，父母不要抱怨更不要指责，而是要借此机会让孩子接受人生中失败多于成功的真相。看到孩子遇到难题，父母不要急着为孩子解决，而是要引导孩子开动脑筋，深入思考，发掘思维，从而有效地解决难题。看到孩子愤愤不平，父母不要顺着孩子去挑剔客观的条件，而是要和孩子一起接受那些不能改变的，并拼尽全力改变那些可以改变的。温室里的花朵从来都不能旺盛地生长，一旦离开温室的环境，它们就会被摧毁。反而是那些生长在野外的野草，总是无惧风雨，无惧冰霜，傲然地挺立着，顽强的生长着。哪怕是被野火烧成灰烬，它们在春风吹拂大地的时候，就又会焕发出勃勃生机。孩子要当野草，而不要当温室里的花朵，才能面对未知的人生。

现代社会，经济发达，物质条件非常优越，生活的环境有了很大的改善，这都是有利于孩子成长的。然而，问题也随之发生，那就是孩子在顺境中长大，不曾经历逆境，很难承受挫折，也无法形成各种优秀的品质，诸如坚持不懈，坚韧不拔，永不放弃。父母在教育孩子时要注重培养孩子各种优秀的品质，必要的情况下，还可以创造条件"苦其心志，劳其筋骨"，从而提升孩子的挫折商，让孩子得到锻炼和成长。

在提升孩子意志力的过程中，父母要注意，对孩子的锻炼要根据孩子所处的成长阶段的身心发展的特点决定，而不要超出孩子的承受范围。因为在不同的成长阶段，孩子的生理发展与心理发展都是不同的，他们的社会化进程也不相同。父母锻炼孩子的目的是让孩子变得更优秀，而不是故意折磨孩子，所以父母要牢记初心。

六年级暑假，乐乐感到很轻松，因为小学阶段的学习终于告一段落了。不过，他也很紧张，因为他听说初中的学习内容和小学阶段有很大区别。他主动提出让妈妈为他报名参加小升初的衔接班，提前预习语数外三门课程。妈妈看到乐乐这么上进，当即表示同意。

当时，妈妈和爸爸正在忙着装修新家，没有办法送乐乐去培训班上课。乐乐住在主城区与郊区交界处的爷爷奶奶家里，因为补习班每天早晨8点钟开始上课，而他路上就要用去至少一个半小时，所以他每天都6点钟起床，独自坐公交车换乘地铁再坐公交车，赶在8点之前到达上课地点。这次课程为期21天，乐乐就这样坚持下去，从未迟到过一次。经过这次独立赶早上课的事情，乐乐的自控力得到增强，他对妈妈说："原本以为21天会很难坚持，真正一天一天地坚持下来，发现并没有想象中那么难。"妈妈由衷地表扬乐乐："乐乐，你很棒！早起，独自坐车，从未迟到，坚持学习了21天，你是不是觉得自己越来越厉害了，也可以做很多重要的事情了？"乐乐点点头。从此之后，乐乐独立活动的能力更强，爸爸妈妈也能放心地让他独自去做一些事情了。

21天早起赶去上课,每天路上来回至少花费3个小时,还是在炎热的夏天。乐乐就像参加了一次夏令营,进行了高难度的挑战。在完成这项挑战之后,他变得更加自信,也更加勇敢,而且意志力越来越强。这就是实现自控的魔力。不管是面对生活,还是面对学习,每个人都会遇到坎坷,也会遭遇逆境,还会受到失败的打击。只要内心始终坚强勇敢,只要永不放弃地拼搏努力,就一定能够迎来成功。虽然很多人都知道失败是成功之母,但是大多数人都很难接受失败,那么就要历练自己的内心,让自己真正强大起来。

第09章

家长千万忌做的事,避免孩子掉入放纵深渊

世界上的很多工作都有岗前培训,但是做父母却没有岗前培训。面对每一个新生命,父母都是新手父母,不管他们此前是否已经养育过孩子。所以父母一定要了解禁忌,才能在教养孩子的过程中避开误区,更全心投入地陪伴孩子成长。

不要压制，打骂不是爱

俗话说，七八岁，讨狗嫌。这充分说明了七八岁的孩子有多么讨厌，连狗见了他们都讨厌。很多没有孩子的年轻人，看到孩子调皮可爱的样子，忍不住逗弄孩子。而很多已经有了孩子的年轻父母，如果妈妈不上班，全职在家带孩子，那么她们最大的愿望可能就是有人能帮她们带一天孩子，让她们在一天的时间里不用应付孩子的顽皮和淘气，可以踏踏实实睡个美容觉，还可以做一些想做的事情。这样的感触，不曾每天都和孩子打交道的人很难体会。这些全职妈妈说得没错，很多情况下，孩子的确太磨人了。年幼的孩子什么都不懂还好，如果孩子比较大，有的时候故意给人惹麻烦，招人讨厌，就会让妈妈非常抓狂。当对孩子忍无可忍的时候，父母感到无奈绝望，哪怕心里很清楚要赏识孩子，却也忍不住举起棍棒，对着孩子痛下狠手。貌似，只有这个办法能够当即管好孩子，所以气头上的他们也就别无选择了。

然而，不管因为什么原因打骂孩子，父母都会有一个发现，即打骂孩子起初也许有点儿作用，但是随着时间的流逝，孩子或者会变得很胆怯，或者会对一切事情都满不在乎，甚至公然与父母叫板。这是因为孩子对打骂产生了心理阴影，或者

第09章
家长千万忌做的事，避免孩子掉入放纵深渊

对打骂他们的父母产生了逆反心理。从此，孩子就会进入恶性循环之中，或者如同一只受到惊吓的猫咪一样蜷缩在墙角，或者每时每刻都在与父母作对。尤其是那些此前得到父母疼爱的孩子，在如今被父母指责或者惩罚之后，就更是会产生巨大的心理落差。作为父母，为了避免孩子出现巨大的心理落差，影响教育的效果，切勿进入两个极端：一个极端是对孩子爱得没有原则，没有限度；另一个极端是为了在最短的时间内征服孩子，所以会采取简单粗暴的方式惩罚孩子。这样的冰火两重天，会让孩子不信任父母，也会让孩子缺乏安全感。显而易见，这并不利于父母对孩子开展亲子教育，也不利于父母与孩子建立良好的亲子关系，培养与孩子的亲子感情。

和其他的教育方式相比，打骂是一种最为直截了当的教育方式，也能够在短时间内起到显著的效果。与此同时，这个方法也是简单省时的。正是因为如此，很多父母才会采取打骂的方式教育孩子，而不会苦口婆心、语重心长地劝说孩子。尤其是父母不但要承担工作的压力，还要承担繁重的家务，他们就更不想花费时间与孩子进行沟通。打个比方，很多父母教育孩子既没有先进的理念，也没有原则作为指导。他们就像拿着鞭子抽打一头牛不停地向前一样抽打着孩子，让孩子走到他们预设的目的地。然而，如果教育孩子真的这么简单，就不会有那么多父母为了教育孩子而烦恼了。

在很多家庭里，父母甚至高高在上，对孩子居高临下。他

们从没有发自内心地尊重孩子，更没有给予孩子平等的对待。他们对孩子唯一的要求就是听话，他们对孩子唯一的举动就是下达命令。然而，孩子不是机器，也不是父母的附属品，随着不断地成长，他们必然会越来越不听话。这挑战了父母的权威，使父母感受到威胁，所以父母会采取更加强制的手段对待孩子，如训斥孩子，或者打骂孩子。这些过激的行为，恰恰说明父母面对孩子的成长感到心虚，感到失落，也不知道怎么做才能与孩子好好地相处。无计可施的他们，只能拿起棍棒强求孩子必须凡事都听从他们的安排，只能放弃教育孩子的使命，而成为孩子的监工。

父母要知道，打骂孩子从来不是教育孩子的最好方式，大多数父母之所以打骂孩子，是因为他们不知道有更好的方法可以教育孩子，或者他们已经尝试过了各种方法，却不见效果，所以他们才无奈地采取了打骂这种最低级的方式。很多人都认可棍棒教育，误以为棍棒教育能够培育出优秀的孩子，其实不然。即使孩子的学习成绩非常好，各方面的表现也很突出，但是他们的内心却是空虚且脆弱的，而且他们没有灵魂，那么他们就不可能真正成才。

现代社会，有很多孩子喜欢玩电子游戏，沉迷于网络之中无法自拔，正是因为他们从未感受到家庭的温暖，也没有充分感受到父母的爱。在现实世界中缺失的，他们就努力地从网络世界中寻找和弥补。父母对他们的管教越是极端，越是充斥

第09章
家长千万忌做的事，避免孩子掉入放纵深渊

着打骂，他们就越是迷恋网络。有些父母绝望地把孩子送到戒除网瘾的学校或者机构，却从未想过，如果作为最爱孩子的父母，都不能教育好孩子，那么那些陌生人又如何对孩子负责呢？父母的爱与关怀，才是孩子成长的养料，如果父母对孩子薄情寡义，就只能让孩子渐渐地疏离父母，也失去对父母的信任。对于每一个父母而言，与其为了如何帮助孩子改正错误而烦恼，不如花费更多的时间和精力去研究孩子犯错的原因。所谓解铃还须系铃人，如果不能找到孩子犯错的根本原因，父母就无法解决孩子的心理问题，更无法拉近与孩子的距离，与孩子亲密无间地相处。

绝不羞辱，保护孩子自尊心

当看到孩子的学习成绩越来越糟糕，作业的错误率越来越高，父母总是非常着急。尤其是在父母已经竭尽全力为孩子提供了最好的教育，也想方设法地帮助孩子加强学习的情况下，父母的希望有多大，失望就有多大。看着懵懂且无辜的孩子，父母对孩子的怜爱渐渐耗尽，最终父母陷入了歇斯底里的状态，忍不住训斥孩子："你怎么这么笨！""你这么做对得起谁呢？""你简直太让人失望了！""你大概是个讨债鬼，这辈子就是来讨债的！""我怎么生出了你这样的孩子！"这些话就像是一把把刀子，直插孩子的心中。孩子也许曾经以为自己是世界上最幸福的孩子，此刻幸福就像是水晶球，掉在地上，变成了满地什么也不是的碎片。父母不管多么生气，都不要口无遮拦地羞辱孩子，更不要肆无忌惮地伤害孩子的自尊心。

看到这里，也许有的父母会说：我不是为了羞辱孩子，我是想激励孩子努力进取，想让孩子彻底改变。的确，父母的出发点是好的，但是结果却是非常糟糕的。很多父母抱怨孩子不懂得父母多么爱他们，其实，他们也不知道孩子有多么依赖和信任他们。孩子的自我评价能力还很弱，他们出于对父母的信任，会把父母对他们的评价作为自我评价。如果父母肆意地贬低孩子，或者为了一时的口舌之快就打击孩子，那么孩子就会越来越自卑，甚至怀疑自己存在的意义。父母哪怕是为了激励孩子进步，鼓励孩子积极地改正错误，也要讲究方式方法，根据孩子的身心发展特点，根据孩子的脾气秉性，选择最合适的方式对待孩子。对于所有的孩子而言，最大的悲哀莫过于不能得到父母的认可，莫过于被父母否定和唾弃。

看到孩子自卑，父母常常会抱怨孩子缺乏自信，也会呵斥孩子要更加勇敢。很少有父母会想到，孩子的自卑与父母对待孩子的方式之间有着密切关系。孩子很容易产生挫败感，而父母的否定和批评，是孩子挫败感产生的源头。父母切勿对孩子一味地打压，也不要总是给孩子贴负面标签。父母对孩子的认知应该是全方位的，既看到孩子的缺点和不足，也看到孩子的

第09章 家长千万忌做的事，避免孩子掉入放纵深渊

优势和长处。只有立体地看待孩子，才能客观地评价孩子，也才能让孩子身心健康地成长。

即使孩子有很多坏习惯，或者不好的行为表现，父母也不要嫌弃孩子。否则，就会使孩子嫌弃自己。其实，不管是坏习惯，还是不好的行为习惯，都是孩子的一个方面，让孩子与自己作对，这显然不是什么高明的教育方式。当孩子也开始讨厌自己的某些方面，他很容易陷入自暴自弃的怪圈。所以明智的父母会努力发掘孩子的优势，看到孩子的闪光点，多多认可和表扬孩子，让孩子树立自信。

拿破仑·希尔是举世闻名的成功学大师，他很小的时候就失去了母亲，再加上父亲忙于生计，所以他就像一个野孩子一样长大。他缺乏管教，生性顽劣，经常会捉弄他人，在整个村子里都出了名。面对拿破仑的不可救药，父亲除了诅咒谩骂之外别无他法。渐渐地，拿破仑彻底放弃努力，就这样破罐子破摔，根本不在乎他人的看法。

后来，父亲又娶了一个妻子。结婚之后，父亲把继母带回家，指着拿破仑对继母说："这就是全村最调皮捣蛋的孩子，你可小心一点儿，他不一定会怎么对付你呢！"说着，父亲还警告拿破仑："我警告你，千万不要耍花招，否则看我怎么收拾你！"这个时候，继母蹲下来，平视着拿破仑的眼睛，说："这是整个村子最聪明的孩子，我要做的，就是激发他的聪明劲头，让他更加优秀。"后来，继母一直在努力发掘拿破仑的

优点,渐渐地培养起拿破仑的信心。在继母的引导和帮助下,拿破仑最终成为了伟大的成功学大师。

作为父母,如果我们也能和拿破仑的继母一样,看到调皮顽劣的孩子身上也有闪光点,也有足够的耐心多多鼓励孩子,帮助孩子改掉坏习惯,弥补缺点,那么孩子就会如同获得新生一样,让父母刮目相看。

孩子虽然小,自尊心却很强,而且他们敏感细腻,对于父母不经意间说出来的一句话,他们就会牢牢地记在心上。父母的一句话,也许会给孩子带来安慰,也许会给孩子带来阴影,因而父母在与孩子沟通时一定要非常谨慎,进行权衡。父母要认识到,孩子所有坏习惯的背后,都隐藏着根源。父母要无条件接纳孩子,不嫌弃孩子的缺点和不足,而是为孩子点点滴滴的进步感到高兴。只有这样,父母才能从根源上解决孩子的相关问题,也才能把孩子培养成自己所预期的样子。

孩子因为身心发展的限制,会缺乏自控力。父母要更多地鼓励孩子,帮助孩子树立自信心,才能让孩子的内心变得强大。必要的时候,父母还要创造机会让孩子犯错误,并且引导孩子主动认识错误,主动改正错误。当父母意识到孩子犯错误是成长的必然经历,孩子也能够接纳自己的错误,积极地改正错误,父母就不会再因为孩子犯错而打击孩子,也不会因为孩子表现得不够完美而感到焦虑。每一个父母都应该无条件地爱孩子,这是作为父母给孩子的最好礼物,也是孩子信心和力量的源泉。

第 09 章
家长千万忌做的事，避免孩子掉入放纵深渊

有些时候，父母哪怕不挖苦讽刺孩子，孩子也会因为自己所犯的错误而感到羞愧。这种情况下，他们会想方设法地改正错误，弥补过失。也许孩子拙劣的举动并不能实现预期的结果，但是没关系，父母还是要鼓励孩子，支持孩子。这是让孩子变得更加优秀的方法。父母要积极地对待孩子的错误，始终传递给孩子正能量的思想。

学会比较，要纵向不要横向

原本很佛系的年轻男女，一旦当了父母，尤其是在孩子上了小学之后，马上就会学会比较，虚荣心和攀比心爆棚。尤其是作为新手妈妈，和其他新手妈妈在一起，唯一的话题不再是丈夫，而是孩子。面对着才几个月的孩子，她们不但比孩子一次喝多少奶，还比孩子每天上几次厕所，在这个世界上，很难找到和妈妈一样热衷于比较孩子的人了。当然，小小的婴儿对此毫不介意，毕竟妈妈不管比较什么，也不管怎么比，对他们都不会有太大的影响，他们还是可以躺在摇床里惬意地吃着手指，东张西望。哪怕是在幼儿园阶段，妈妈热衷于比较，也不会影响孩子，因为此时孩子还没有胜负的意识，也就不会在乎妈妈比较的结果。

直到进入小学一年级，妈妈的比较开始给孩子造成极大的困扰。最让孩子感到头疼的是,妈妈总是拿他的短板与别人的长板进行比较,总是拿他的弱势与别人的优势进行比较。在妈妈口中,别人家的孩子不管什么都出类拔萃;在妈妈口中,自己家的孩子不管什么都不行。别人家的孩子更听话,别人家的孩子更有主见;别人家的孩子更懂事,别人家的孩子特别有个性;别人家的孩子个子高,别人家的孩子身体壮;别人家的孩子学习好,别人家的孩子体育是强项……妈妈总是把别人家的孩子夸得天花乱坠,而把自己家的孩子说得非常不堪。在妈妈这样极不平等的比较中,别人家的孩子信心爆棚,自己家的孩子信心全无。长此以往,孩子不由得怀疑自己:我是我妈亲生的吗?我大概是捡来的吧,不然妈妈为何对我哪儿都不满意呢?

妈妈之所以会给孩子带来这样的困惑,是因为比较的方法错了。每个孩子都是与众不同的,不同的孩子根本不应该放在一起比较。例如,在学习上,虽然同班同学坐在一起学习,听同一个老师讲课,也做着相同的习题,但是他们在学习成绩上却相差悬殊。归根结底,是因为孩子本身存在差异。每个人都是世界上独一无二的生命个体,哪怕是一母同胞的双胞胎,也只是长得相似而已。俗话说,龙生九子,各有不同。既然如此,父母为何要强求孩子和他人保持一致呢?很少有孩子要求自己的父母必须和其他孩子的父母一样成功,那么作为父母,也就不要要求自家的孩子必须跟人家的孩子一样优秀。

当然,这不是说不能比较,毕竟只有比较才能看出差异,

第 09 章
家长千万忌做的事，避免孩子掉入放纵深渊

只有比较才能找到进步的空间。但是，父母要掌握正确的比较方法。不是把孩子与别人家的孩子进行横向比较，而是把孩子今天的表现与昨天的表现进行纵向比较。只要孩子比之前有进步，只要看到孩子努力的结果，父母就应该认可孩子，慷慨地表扬孩子。

父母要学会比较的方法，才能进行正确的比较。否则，总是横向比较，不但会打击孩子的自信心，还会使孩子产生逆反心理。例如，孩子考试失利，成绩不好，父母非但不安慰孩子，反而揭孩子的短，对孩子说："都是一个老师教的，人家××怎么就比你考得好呢？""你说你也不比别人缺什么少什么，怎么一到了学习方面就歇菜呢？"父母这样的质疑带着嘲讽的意味，会严厉打击孩子的信心，伤害孩子的自尊。原本，孩子也许已经意识到了自身的不足，也很积极地想要提升，却因为父母的这番话感到心灰意冷，最终选择了放弃努力，自暴自弃。

明智的父母不会把别人家的孩子当成自家孩子的参照物，而是应该帮助孩子树立学习的榜样。与被动地被父母拿去和别人家的孩子比较相比，孩子更愿意积极主动地学习榜样。所以父母更需要做的是激发孩子的上进心，让孩子主动自发地进行比较。此外，还要看到孩子的点滴进步，才能让孩子更自信。切勿以横向比较的方式把孩子的缺点和不足暴露在他人面前，否则孩子一定会感到尴尬，也会非常难过。

依依和雨涵是好朋友，他们的父母也是好朋友兼同事。她们的家就在父母单位的宿舍里，依依家住在三楼，雨涵家住在二楼。如果晚上作业不多，妈妈就会带着依依去楼下雨涵家串门，让依依和雨涵玩，依依妈妈则和雨涵妈妈聊天。

有一天，依依和雨涵正玩得高兴，就听到妈妈对雨涵妈妈说："你家雨涵特别懂事，我家依依就不行，傻乎乎的，什么都不懂，一天天地还傻乐。哪天我家依依要是和你家雨涵一样，我就太高兴了。"依依听到这话，当即不满地反驳妈妈："我怎么傻乎乎的了，好像你多聪明一样。"看到依依不高兴的样子，雨涵妈妈提醒依依妈妈："孩子大了，心眼多了。你别总当着她的面表扬雨涵，贬低她，她会不高兴的。"依依妈妈对此不以为然："小屁孩，做得不好的地方还不让人说，真是过分！你多好啊，雨涵学习又好，又很听话，还懂礼貌，人又长得漂亮。你可真会生！"说着，依依妈妈还故意看向依依，依依气得眼睛里含着泪水，当即跑回家了！

依依妈妈的做法很不妥，哪怕她心里真觉得雨涵更优秀，也不应该当着依依的面说出来。依依妈妈这样的做法，很容易引起依依的不满，还会离间依依和雨涵的关系。其实，依依妈妈不管觉得雨涵哪里好，都可以换一种方式激励依依也有更好的表现。例如，鼓励依依认真学习，教会依依要懂礼貌，还可以帮助依依提升形象。这些方法都比故意表扬雨涵来惹怒依依更好。

也有一些父母之所以热衷于把自家孩子和别人家的孩子进行比较，是因为害怕落后。不知道从几何起，起跑线的概念

第09章
家长千万忌做的事，避免孩子掉入放纵深渊

特别流行，每个父母都已经把"别让孩子输在起跑线上"当成了口头禅。那么，真的有起跑线吗？起跑线具体指的是什么呢？如果起跑线只是说孩子有没有提前掌握一年级的知识，有没有趁着假期补课，那么这样的起跑线也太低级了。真正的起跑线，是孩子要有健康的身心，要有积极向上的精神，要有主动投身于激烈竞争的勇气。父母哪怕拼尽全力去推动孩子，也无法起到良好的效果，更不能保证孩子一定能在起点就占据优势。只有激发出孩子内心的力量，让孩子主动地做出更好的表现，父母才能给予孩子助力，帮助孩子快速成长，获得进步。

还有一些父母担心孩子没有压力，就会不知进取，因而会人为地给孩子制造压力，也劝说孩子把压力转化为动力。当然，适度的压力的确可以让孩子动力十足，但是压力一旦过度，或者超出孩子的承受范围，就会让孩子感到心力憔悴。通过比较的方式让孩子承受压力，更是一种非常冒险的行为。如果孩子的心智发展不成熟，反而会起到事与愿违的效果，非但不能激励孩子，还会让其误以为父母看低他们，因而失去信心。每一个孩子都是家庭的希望，父母要把关注点集中在孩子身上，从孩子自身的条件和情况出发，激励孩子努力进取，而不要怀着急功近利的心态，只想着以最快的方式刺激孩子的内心，让孩子迸发出强大的力量。

时代在发展，社会在进步，父母的教育观念也应该与时俱进，切勿停留在横向比较的落后方式上。尤其是现在的孩子会

接触更多的信息，了解更多的事情，父母就更不要把孩子看得年幼无知，而是要采取更为先进和高明的方式开展亲子教育。而且，每个孩子的成长节奏不同，有的孩子很早熟，懂事特别早，有的孩子则很懵懂，但说不定一夜之间就会心智开化。父母要尊重孩子内在的成长节奏，不要试图压缩孩子的成长周期，也不要试图对孩子拔苗助长。从现在开始，作为父母，请相信自家的孩子是最优秀的，是独一无二也是无可取代的，静静地等待孩子如花绽放吧！

讨好是害，避免溺爱

为了博得孩子开心，父母还会刻意讨好孩子。正是在这样的心态影响下，父母越来越溺爱孩子，对孩子骄纵无度，把孩子含在嘴里怕化了，捧在手里怕摔了。渐渐地，孩子理所当然地接受父母无微不至的照顾，也把父母的一切付出都视为理所当然。孩子长期在这样的环境中成长，形成了以自我为中心的思维习惯，就会目中无人，自高自大，也会因为欲望无度，变得骄纵任性，缺乏自控力。

父母长期溺爱孩子，骄纵孩子，会对孩子的心理发展产生负面影响。首先，孩子会要挟父母，和父母谈条件。例如，父母正在忙于工作，没有时间陪伴孩子，孩子就要求父母必须

第09章
家长千万忌做的事，避免孩子掉入放纵深渊

为他们买玩具，或者给他们金钱作为补偿。在很多富裕的家庭里，父母事业有成，拥有大量的财富，每当因为没有时间陪伴孩子而感到愧疚时，他们就会给孩子一些钱。孩子有了钱，花钱大手大脚，而且对于父母感情淡漠。其实，父母无论给孩子什么，都不能代替父母去陪伴孩子，更不能弥补父母亏欠孩子的爱。还有的父母觉得孩子闹腾，就会给孩子玩手机，结果孩子越来越喜欢玩手机，严重成瘾。父母与孩子之间的关系应该简单纯粹，而不能与金钱和物质过多地挂钩。否则，将来父母会越来越难以管理孩子，也会在与孩子的相处中处于被动。

还有些父母一旦看到孩子哭闹，就马上缴械投降。结果孩子看穿了父母的心思，把哭闹作为杀手锏，不管是想达到什么目的，还是想要到什么东西，只要父母不当即满足他们，他们就会哭闹不休。这会使亲子关系进入恶性循环之中，孩子的任性会变本加厉，而且他们会越来越不讲道理，总是与父母胡搅蛮缠。父母要知道，孩子的欲望只会越来越多，而不会越来越少。如果父母不能以正确的方式帮助孩子控制欲望，那么孩子就会成为欲望的奴隶，也会在与欲望博弈的过程中彻底败下阵来。孩子越是哭闹，父母越是要坚持原则，要坚定不移地告诉孩子：在这个世界上，没有谁的所有愿望都能得到满足，一个人总要学会权衡和取舍，否则就会陷入欲望的深渊。这个道理对于年幼的孩子来说也许太过深刻，父母可以以浅显易懂的话告诉孩子其中蕴含的道理。

除了不和孩子谈条件，也不要满足孩子的所有欲望之外，父母还要延迟满足孩子的欲望。孩子一直都会产生各种需求，如果父母总是无限度地满足孩子的需求，渐渐地孩子就会将其视为理所当然。例如，孩子在超市里想买薯片，父母就给孩子买薯片；孩子看中了一个价值不菲的玩具，会给家里造成一定的经济压力，父母还是想方设法节省开支，满足孩子的需求；孩子不想去上学，父母就给孩子编造理由，说孩子身体不舒服，从而帮孩子向老师请假。这会给孩子造成假象，觉得他们的所有要求都理应得到父母的满足。渐渐地，孩子还会失去耐心，不愿意等待。

父母在抚育孩子的过程中，可以适度延迟满足孩子。例如，孩子想喝水，妈妈无须在第一时间就给孩子倒水，而是可以晚一两分钟再给孩子倒水；孩子饿了，想吃东西，妈妈无须在第一时间就给孩子端上食物，而是可以等十几分钟再给孩子端上食物。看起来，妈妈并没有延迟太长的时间满足孩子，但是只要妈妈坚持这么做，就会对孩子的成长起到很好的作用。

过年了，大家族聚集在一起，想好好热闹热闹。整个上午，负责掌勺的大姨和二姨都在忙碌，到了下午，终于准备好了一桌子丰盛的美食。就在大家一起上阵，有的摆放碗筷，有的端菜，又团团围坐在大圆桌旁边，准备开始宴席时，子陌突然哭喊着饿了，非要吃饭。大姨和二姨都劝子陌："子陌，再等十分钟就可以开饭了，今天是大年三十，要吃团圆宴，你可不能先吃啊，要等着大家一起吃。"然而，子陌指着桌子上的

第 09 章
家长千万忌做的事，避免孩子掉入放纵深渊

烤鸡，就是要吃。这时，子陌妈妈不开心地说："什么过年不过年的，小孩子不用上桌，就先给他吃吧！"说着，子陌妈妈就撕扯下一个鸡腿，拿给子陌先吃起来。

等到开餐的时候，子陌吃了一个鸡腿已经饱了，不愿意上桌。他在沙发上坐着，觉得无聊，妈妈又把平板电脑给他，对众人说："这家伙就是好吃爱玩，只要吃饱了肚子，再给他一个平板，他就不会闹腾了。"看着子陌妈妈得意的样子，大家都默不作声。

很多父母都把对孩子的教育问题想得非常简单，他们教育孩子最大的目的就是让孩子保持安静，不闹腾，不打扰他们。殊不知，孩子的天性就是爱闹腾，如果父母以利益交换的方式避免孩子闹腾，就会抹杀孩子的自控力。孩子真正地自我控制，应该是主动自发的。如果孩子习惯了和父母进行交换，那么他们不管做什么事情，都会奢望父母能够答应他们的条件。所以父母从一开始就要杜绝孩子的交换行为，也要打消孩子的交换念头。

聪明的父母知道，越是一味满足孩子的要求，越是会纵容孩子的任性。在适当的时候，父母可以给予孩子奖励，但是在孩子哭闹不休的时候，在孩子迫不及待想要满足自己的一个愿望时，父母反而要沉住气，不要当即答应孩子的要求，更不要给孩子错误的暗示和引导。父母要有耐心去教育孩子，而不要只追求短暂的效果，否则只会导致事与愿违。

参考文献

[1]马鸣凤.儿童自控力心理学[M].宁夏：宁夏阳光出版社有限公司，2019.

[2]小吴妈妈.儿童自控力：让孩子独立是家长的必修课[M].北京：北京时代华文书局，2016.

[3]付小平.培养儿童自控力：让孩子管好自己[M].北京：北京师范大学出版社，2015.